JN231974

おもしろいほど
聞いてもらえる
「言い回し」大全

プレゼンの語彙力

ウケる

コクヨ株式会社
ワークスタイルコンサルタント
下地寛也［著］

たかだべあ［イラスト］

KADOKAWA

はじめに

　結論から言いましょう。「スティーブ・ジョブズのようなプレゼン力をすべての人に提供する」、私はそれを目指しています。

　つまり、この本は「プレゼン革命」を起こすために書きました。

　こう思うことはないでしょうか。「なぜ、あの人が話すと心が動くのだろう？」と。

　同じ内容を伝えているはずなのに伝わり方が全然違う。自分が話すと聞き手は寝てしまうのに、あの人が話すと前のめりになる。

　この違いは実は、話す人のカリスマ性や人格ではなく、ちょっとしたプレゼンの言い回しによって生まれるのです。

　「結論から言うと……」や「理由は3つあります。1つ目は……」といった言い回しを知っている人もいるでしょう。

　プレゼンの上手い人の共通点は、こういった相手の心に響く言い回しをたくさん知っていること。つまりプレゼンのボキャブラリー（語彙）が豊富なのです。

　私はもともと人と関わることが苦手で、個人業務が多そうなデザイナー志望でコクヨに入社しました。オフィスの設計者になりましたが、顧客対応が下手すぎて上司や営業に怒られる日々が続き、辞めたいと思いながら働いていたものです。

　ところがコクヨがフリーアドレスを導入したことをきっかけに、「働き方とオフィスのあり方」を提案する業務に従事し、ワークスタイルを調査、研究する面白さに取りつかれました。

　以来、ワークスタイル変革やコミュニケーション活性化などの提案・コンサルティング業務に従事し、大手法人企業の社長や役員にプレゼンしたり、コクヨ社内で様々な部門の事業本部長や部長陣と交渉、根回しをしながら働き方改革や意識改革を推進する仕事を20年以上しています。

　その中で編み出したプレゼンの語彙力により、かつてはプレゼンが苦手だった私が、今では人に教えられるようになりました。

私が考えるダメプレゼンのトップ3は、「①自信がなさそうなプレゼン」「②興味を引かないプレゼン」「③納得感がないプレゼン」の3つです。

　この3つは内容さえしっかりしていれば、「プレゼンの語彙力」を身につけるだけで解消できます。「そうは言っても自分に身につくんだろうか」と、まだモヤモヤするかもしれません。

　少し脱線しますが、最近、ある若手からプレゼンのアドバイスをしたことに対する感謝のメールを受け取り、嬉しくなりました。

　というのもこの若手は、コクヨのイベントで、セミナー講師を初めて務めるため、プレゼンのアドバイスをしてほしいと相談に来たのです。聴いてみたところ、内容は面白かったのですが専門用語も多く、伝わりません。そこで相手に響く言い回しをいくつか伝授したところ、彼のプレゼンがセミナー満足度ナンバー1を取ったとのことでした。

　このように、「プレゼンの語彙力」は誰でも身につき、すぐに使えるスキルなんです。本書で解説している言い回しの全体像は7つの視点（自信・共感・驚き・納得・信頼・共感・決断）で構成しています。この7つの視点と具体的な例を覚えていただくだけでもあなたのプレゼンスキルはグッと高まり、ビジネスにおける成果は何倍にもあがるはず！と確信しています。

　さらに、本書にはスペシャルゲストが登場してくれます。大人気「けたくま」です！たかたべあさんには本当に素晴らしい、ワクワクするイラストを描いていただきました。100のイラストをパラパラ見るだけでも、私が20年で身につけたノウハウを楽しく理解することができるでしょう。

　さあ、本書で「自分史上最高のプレゼン」を実践し、あなたのビジネスシーンをよりいっそう輝かしいものにしてください！

2019年2月　下地寛也

第 **3** 章
「驚きを与える」言い回し

第 **4** 章
「納得感を高める」言い回し

第 **5** 章
「信頼させる」言い回し

第 **6** 章
「共感を得る」言い回し

第 **7** 章
「決断を促す」言い回し

第 1 章

「自信を示す」言い回し

グーグルを
一緒に
やっつけましょう！

001

壮大な敵をライバル視する

このサービスを世界一に育てましょう

↓

グーグルを一緒にやっつけましょう！

　自分が目指しているものを具体的に示す。これはプレゼンにおいて重要です。その方法として仮想敵（ライバル）を決めることはとても効果があります。

　ライバルのスケールが大きければ大きいほど聞き手は「この人はスゴイ！」と思うものです。できれば人気があってスケールの大きな会社（もしくは人）を選びましょう。

　本当にそのライバルを倒せるかどうか、は重要ではありません。自分の志が高いことを示すのが目的です。

「世界一のサービスを目指します！」といった言い方もあるでしょう。ただ、聞き手は「世界一といっても漠然としているなあ」と思うものです。

　ここはプレゼンの場です。具体的なライバルを示すほうが、聞き手はイメージしやすく話のスケール感がはっきりと伝わりますので、具体的に示すことが大切なのです。

[使用例]
クリエイティビティーではアップルにも負けません
最終的にはライオンと勝負したいと思っているんです！

これこそ
○○革命なんです

002

勝手に革命を起こす

これは今までとは違うダイエットなんです

これこそダイエット革命です

「革命」と言えば、これまでとはまったく違うんだなということが端的に伝わります。

「○○革命」の「○○」には説明したい業界や商品群、考え方などが入ります。「デパート革命」「ファミレス革命」「収納革命」「コーチング革命」なんでも OK です。

「革命」と言うと、聞き手は「なんかスゴそう」と思うと同時に、「どう変わったんだろう」と興味を持ちます。

「革命」には、旧態依然とした現状を打ち破り、新たな時代の幕開けを作ろうという印象を与える効果があります。
　よって、新しい商品が出ていない業界や古い慣習がある業界で使うと更に有効です。

「イノベーション（革新）」という言い方もありますが、やや気取った風にも聞こえます。「○○革命」と言えば、ベタだけどパワーのある言い方ができるでしょう。

[使用例]
私たちはダイエット革命を起こそうとしてるんです！
このしっとり感！　まさに食パン革命と言っていいでしょう

まさに
○○の王様です

003
勝手にキングにする

これはまさに電子レンジ業界の王様ですね

　変化を伝える言い回しが「○○革命」ならば、優位性を伝える言い回しが「○○の王様」です。「王様」と言えば、「実力」「風格」「ふところの深さ」などを示せます。

「品質」「バリエーション」「スピード」など、どんな優位性でも使えます。「○○業界の競合と比較してパワーと消費電力について勝っています」と言いたいけど、少し説明が細かすぎるなと感じる場合があるでしょう。

　そこで「これが○○業界の王様です」と言えば、暗にナンバー１なんだということを示せます。細かい仕様面の優位性を言いたいわけではなく、総合的に勝っていると伝わります。

　似た表現で、「王道」「４番打者」「エース」といった言い方もあります。たとえば「これが資格取得の王道ですね」「山本は日本の店舗デザイナーの４番打者ですから……」などなど。
　優位性を示す言い回しを使って自信を示しましょう。

[使用例]
この会社はクリーニング業界の王様です
これこそマヨネーズ料理の王様です

これを◯◯の法則と
名づけたんですが……

大皿の法則です

004
マイ法則をつくる

料理を大皿で提供するといいんです

これを「大皿料理の法則」と名づけました

　自信のある人は自分なりの経験則や成功パターンを持っています。そのやり方に名前をつけて「○○の法則」と呼んでみましょう。

　たとえば、「資料を見やすくするために、私はいつも『余白３割の法則』を守っています」といった言い方。

　単に「資料を見やすくするために、私はいつも余白を３割とるようにしているんです」と言うより、「余白３割の法則」というキーワードが相手の頭の中に残ります。

　少しユーモアのある表現をしてもいいでしょう。たとえば、「モテるためには『弱点チラ見せの法則』を使いましょう」といった感じです。

「○○の法則」以外にも「○○理論」や「○○の鉄則」という言い方もできます。しっくり来る言い回しを当てはめてみてください。

[使用例]
これを私は「信頼関係保存の法則」と名づけまして……
「白ごはん60％の鉄則」を守ることが必須です

これが
デファクトスタンダード
(事実上の標準)ですね

005

勝手にセオリー化する

この方法がいいですよ

↓

この方法がデファクトスタンダードですよ

　デファクトスタンダードとは「事実上の標準」という意味です。つまり、公（おおやけ）の規格があるわけではないですが、最も支持されているので標準になっているという意味です。

　「人気がある！」ということをスマートにいう言い方ですね。
　デファクトスタンダードの例として、古くはビデオテープのVHS、パソコンのウィンドウズなどがあります。
　最近では、コミュニケーションアプリといえば LINE、ネット検索といえばグーグル、ネットショッピングといえばアマゾンですので、これらもデファクトスタンダードと言えるでしょう。「これがデファクトスタンダードです」と言ってしまえば、相手に自信と安心感を与えることができるでしょう。

　人は選択を間違いたくないものです。「よく知らないモノを買ったけど思った通りに動かなかった」「適当に選んだら無駄な回り道をした」という経験は誰でもあるでしょう。

　その不安を解消させるため、「このやり方こそ一番人気がある、標準的な方法なんです」と伝えることが有効です。

[使用例]

この保存方法がつくりおき料理のデファクトスタンダードです

仕事の時短術をするなら、このセオリーを外してはいけません

私がこのアイデアを
思いついたのは
25年前なんです

006

先見性を示す

私はそれがいいとずっと思っていたんです

私は25年前からそれがいいと思っていたんです

パッと思いついたアイデアと、熟考を重ねて磨いてきたアイデアでは相手に対する説得力が変わってきます。
「25年前に思いつきました」といった数字を入れるほうが、「ずっと前に思いつきました」というより好印象を与えます。

「ええっ、スマートフォンが広まる前からそんなことに気づいていたんだ」と、聞き手は、その先見性に仰天するでしょう。

さらに「長い期間をかけて温めてきたアイデアです」と言えば、先見性以外にも、「この人は、ひとつのことを諦めずに継続できるんだな」という印象を与えられます。

アイデアを思いついた瞬間のエピソードも語れるといいでしょう。たとえば「人材確保に苦労していたとき部下に言われた『もっと気軽に人を探す方法はないですかね』という一言でひらめいたのですが、それを実現するには長い時間が必要でした」といった苦労話ができれば最高です。

[使用例]

約20年前、高校生のとき気づいたアイデアをもとにしています
iPhone発売前からタッチパネルがいいと確信していました

私の説明が20分、
その後質疑に10分の
お時間をいただきます

007

時間配分を示す

それでは少し長くなりますが説明させていただきます

私の説明が20分、その後質疑時間が10分あります

　時間配分を伝えることは聞き手に安心感を与えます。誰でも「ダラダラしたプレゼンを聞いた経験」があるからです。

　時間を伝えずに「それではプレゼンを始めます。まずはじめに……」と言われた瞬間、聞き手はゴールの見えない旅に付き合わされることを悟ります。

　プレゼンの内容よりも、「寝ないようにしなければ」というプレッシャーで頭の中が一杯になるでしょう。

　説明が長い場合、内容を3つ程度に分けて、その時間配分を伝えましょう。
「問題提起に5分、解決策の説明に5分、そして具体的なプロジェクトの説明に10分ほどお時間をいただきます」と言えば、プレゼンの旅の良い道標となるでしょう。

　加えて「質疑時間も10分取っています」と伝えれば、「どんな質問にも答えられるほど企画はしっかりと練られているんだろうな」という印象を与えられます。

[使用例]
問題提起に10分、解決策提示に10分の合計20分です
ちょっと時間が押しているので、5分でお伝えしますね

一番後ろの方、
これくらいの声量で
聞こえますか〜

008

最後列の人に話しかけ、会場を一体化させる

あ、あ、マイク入ってますね。でははじめます

あ、あ、一番後ろの方、この声量で聞こえますか〜

　聞き手が一体となってプレゼンを聞いている。この状態をつくる最低限の条件は声がしっかりと聞こえることです。

　ところが、後ろの席に座っているとプレゼンターの声が小さくて何を言っているのか聞き取れないことがよくあります。

　そんなときに「後ろの方、この声量で聞こえますか」と聞いてくれると、しっかり聞こうと思ってくれるでしょう。
　声を出すことで自分の抑揚のチェックもできます。

　そして会場の左右にゆったりと視線を配ります。そうすると会場の一体感が高まります。その立ち居振舞いが自信を持っているようにも見えるでしょう。

　聞き手が多い場合、マイクを使いましょう。
　私は声が大きいのでマイクはいりませんという方がいますが、マイクなしで地声を張り上げた説明だと抑揚がつけづらくなり、聞き手にとっても聞きづらいものです。

[使用例]
あ、あ、山本さん（スタッフ）、マイクのボリューム大丈夫かな？
少し早口なので、聞き取りにくかったら手をあげてくださいね

私の話に
騙_{だま}されないように
聞いてくださいね

だまされないように

009
挑戦的な前フリをする

とても良い話があるんです

↓

私の話に騙されないように聞いてくださいね

　この言い方は、かなり挑戦的ですが、揺るぎのない自信がある雰囲気を醸し出すことができます。

　タネを明かしてやろうとする聴衆の前に立つ手品師のように自信満々の姿に映るでしょう。同時に、ユーモア溢れるエンターテイメント性があるプレゼンを演出できます。

　プレゼンを聞いて、「いいかも！」と思って購入したけど、使ってみるとそれほど効果がなかった。「ああ、やっぱり騙されたかもしれない」という経験のある人も多いでしょう。

　その経験を逆手に取って、「嘘のような本当の話をしますが、ひょっとしたら嘘かもしれません。騙されないように注意して聞いてくださいね」とゲーム感覚を演出しましょう。

　プレゼンの途中で、「さて、今から説明する部分が一番怪しいかもしれません。よく聞いてくださいね」とそのゲームが続いていることを伝えてもいいでしょう。

[使用例]
本当かどうかは、最終的には皆さん自身でご判断ください
一見すると信じられないような話もするかもしれません……

ここから少し
脱線しますが……

シュシュ
ポポ

010
計画的に脱線する

そう言えば、今思いついたのですが……

ここから少し脱線しますが……

　プレゼンを聞いていて、本筋の内容より、脱線した話の方が面白かったということはありませんか。

　真面目な話の中にも、ちょっとしたエピソードが入ると聞き手も緊張感をゆるめてゆったりと話を聞くことができます。

「ここから少し脱線した話をしますが」と言えば、「それも計算のうち」ということを聞き手も認識してくれます。

　ただし、準備もなく、その場で思いついた脱線話はやめておきましょう。

「そう言えば、今思いついたのですが……」と思いつきの脱線話を言おうとすると聞き手は「いらない話を思いつくなよ！話が長くなる」と心の中で叫ぶでしょう。

　脱線した話も３分以内に元に戻しましょう。長くなると本筋のプレゼンの印象が薄くなります。

　話を戻すときは、「楽しくてつい脱線した話をしてしまいました。話を戻しますね」と言えばいいでしょう。

[使用例]
本筋とは違う内容ですが、あえてご紹介したい話があります
今日は特別にテーマとは違うオマケの話をしますね

このページは、それほど
重要ではないので
飛ばします

011
その場で取捨選択できる力を示す

ええっと、時間がないので駆け足で説明します（汗）

時間が足りないので重要でないココは飛ばします

　プレゼンがうまい人は臨機応変に対応する力があります。

　資料の中の重要ではないページを、聞き手の目の前で説明せずに飛ばすこともお手の物。

「この人は、時間が足りなくなって焦るということがないんだろうか！」と聞き手はびっくりするでしょう。

　実は「ここは重要です」と言うより、「ここはそれほど重要ではないんです」と言う方が難しいわけです。

　自分が作ったプレゼン資料ですから、普通は「あれも言いたい、これも言いたい」とすべてを早口で話してしまうのです。

　プレゼン前半に予定より時間が掛かることはよくあります。

　そんなときに時間が足りなく尻切れトンボのように終わってしまうと、プレゼン全体の印象が悪くなります。

　話の中盤で時間が足りないなと思ったら、すぐに後半の飛ばせる部分を取捨選択して、どんどん飛ばしていきましょう。

[使用例]

ポイントだけ伝えるので、7ページ以降は省略しますね

このページは皆さんには当たり前のことが多いので飛ばします

最後に腑に落ちる
ようにするので、まだ
わからなくて結構です

012
あえて聞き手をモヤモヤさせる

えっと、わかりにくいですか……スミマセン(汗)

最後に腑に落ちるので、まだわからなくてOKです

プレゼンは、基本的にわかりやすい方がいいものです。

しかし、壮大な計画や、複雑な考え方を伝えようとする場合、すべてをわかりやすく伝えるのが難しいこともあるでしょう。

そんなときに話し手の方が、「まだわからなくていいですよ」と言ってくれると、聞き手はホッとするものです。

逆に何も言わないと、「よくわからない話をする人だな」と思われてしまいます。

聞き手は、話がよくわからないのは「説明がイマイチ」なのか「自分の理解力が足りない」のか迷い始めます。

そうなる前に、「ちょっと複雑な内容なので、まだ完璧には、わからなくても大丈夫です」と伝えましょう。

加えて「少し難しいかもしれませんが、皆さんの役に立つ話なのでぜひ聞いてくださいね」と言えば、聞き手は理解しようと集中してくれるでしょう。

[使用例]

話が複雑なので理解の迷路に入ってしまうかもしれません

なぜ、回りくどい話し方をしているのか、後ほど説明します

私はこう思うんです。
◯◯は◯◯で
あるべきだと

013
自分の考えだということを強調する

男性も家事をするべきだと思います

↓

私はこう思うんです。男性も家事をするべきだと

　一般的に文章に「思う」という表現を加えると、自信がなく聞こえます。「男性も家事をするべきです」と言えば力強いですが、「男性も家事をするべきだと思います」では、説得力の弱い、どこか遠慮した言い方に聞こえます。

　ところが、この「思う」という表現を文頭に持ってきて、「私はこう思います。男性も家事をするべきだと」と言えば、途端に力強く自信を持った伝え方に変わります。

　英語では　I think that…　という言い方をします。自分の主張だということが明確になりますね。

　日本人は誰の意見なのかを曖昧に話す人が多いものです。「私はこう思う」と言われると聞き手は「おっ！　しっかり自分の考えを持った人だな」と思います。
　これは経済評論家の伊藤洋一氏がテレビやラジオでよく使う言い方でもあります。参考にしてみましょう。

[使用例]
これは私個人の考えなのですが……
私はちょっと違うことを思っています。それはですね……

もったいぶらずに
結論から言いましょう

もったいぶらずにね

014

結論をはじめに言う

状況を順番に説明しますね。企画がスタートしたのは……

結論から言うと企画は中止にすべきです

聞き手がプレゼンで一番知りたいこと、それは「結論」です。それを話の冒頭にズバッと言われると気持ちがいいものです。

起承転結という話のしかたがありますが、これは小説など話を楽しむ場合の組み立て方です。

ビジネスではこの順番で話す必要はありません。わかりやすさを重視するのであれば、冒頭に結論が来るべきなのです。

ところが、結論を冒頭に持ってくるのは少し恐いものです。反論させてしまう恐れがあるからです。

「いろいろ経緯を説明して、状況を理解してもらってから結論を言った方がいいんじゃないか」、普通の人はそう思います。

自信のある人は、冒頭に結論を持ってきて、多少不審に思われたとしても、その後に筋道の通った理由や根拠を示して相手を説得しようと考えます。

[使用例]

いきなり結論になりますがA案を採用すべきです。その訳は……

自分なりの答えは、ご飯はやっぱりコシヒカリということです

第 **2** 章

「興味を引く」言い回し

ここだけの
話ですが……

015
いつもの話を裏話にする

中国に進出する予定なんです

ここだけの話ですが、中国に進出する予定なんです

「ここだけの話」、それだけで聞き手は興味を示します。

　周りの人が知らない情報を自分たちだけは知っている。この状況に、人はドキドキするわけです。

「今だけ、ここだけ、あなただけに」というニュアンスを込めて話してみてください。人は希少性のある情報に惹かれます。

　そうは言っても、「そんな特別なここだけの話なんてないけどなあ」と思うかもしれません。

　でも、大丈夫です。別に本当にここだけの話でなくてもいいんです。たとえば、外部の人が知らない開発の苦労話や発表が既に決まっているニュースなど。

　本当に秘密にしなければいけないことでなくても、当事者しか知らない情報であれば OK です。

「他の人に言わないでくださいね」と念を押して言うと、さらに効果があがるでしょう。

[使用例]

ここだけの話ですが、米国から本格的な輸入がはじまるんです
まだ公にできないですがメジャーデビューが決まっています

本当はお伝えしたく
ないのですが……

お伝えしたくないな〜

016
しぶしぶお伝えする風で話す

コツを説明しましょう

本当はお伝えしたくないのですが、コツがあります

　〜すれば売れる、勝てる、うまくできる……など他者と差をつけるちょっとしたポイントに「本当はお伝えしたくないのですが……」と加えてみてください。

　聞き手は情報を聞き逃すまいと耳をそば立てるでしょう。

　プロは重要なノウハウやコツを簡単には開示しません。逆に言うと、話し手が出し惜しみする素振りを見せると、その情報の価値が高いような印象を与えることができるわけです。

　伝える内容の中で、あまり知られていないコツを選んで言ってみましょう（できれば簡単なコツの方がいいでしょう）。

「ここで喋っちゃっていいかなあ〜、皆さんができるようになると私も困っちゃうんですが……」と言いながら、迷っている素振りをみせると効果的です。

　ほとんどの聞き手が「マネしてみよう！」と思うでしょう。

[使用例]

本当はお伝えしたくないんですが、これで3割時短できます
自分だけのノウハウにしたいですが、女性の心をつかむ技です

ちょっと種明かしを
しますと秘密は……

017
秘密・トリックがあるように見せる

この素材を使うと良いですよ

ちょっと種明かししますと、秘密はこの素材です

　うまくいっている企業や人は、それなりのノウハウがあるはずです。

　前項と違い、別に秘密を隠していたいわけではありませんが、「うまくいくには訳がある」「売れているのには訳がある」。そういう雰囲気を演出してみましょう。

「ちょっと種明かししますと秘密は……にあるんです」という言い方には、その秘密を伝えたところで、簡単にはマネできないかもしれませんが、答えはこういうことなんですという自信が垣間見えます。

　一流企業だけが知っている改善ノウハウや新規サービス開発秘話などの多くは、種明かししても簡単にはマネできません。それでも知っておきたいですよね。

　そういう実力の断片を小出しにしながら示すことで興味を引きながら信頼を勝ち得ることができるわけです。

[使用例]
種明かししますと、従来の加工方法にこの素材を加えています
実は秘訣があって、手首を右側にひねりながら離すんです

○○できる会社の
共通点は……

018
成功者の共通点をあげる

勝てる会社は研究費を使っています

勝てる会社の共通点は研究費を使っていることです

　世の中には成功ストーリーというものがありますが、「それって特殊な事例じゃないの」と思うこともあるでしょう。

　聞き手が本当に知りたいのは「成功する人や企業なら共通に見られる特徴は何か」ということです。

　つまり単に「成功する会社の多くは○○○をやっています」と言うのではなく、「成功する会社の共通点は○○○をやっていることです」と言い切りましょう。

　いろいろな成功パターンを漠然と見るのではなく、比較分析したからわかった共通点であるという印象を与えます。そこに一定の法則性があるように感じ、興味を引くでしょう。

　本当に共通点と言い切っていいか不安なときもあるでしょう。そういうときは、前置きをするのです。「100％というわけではないですが」とか「私が調べた限りですが」と言えば問題ないでしょう。

[使用例]
信頼される会社の共通点はトラブルをすぐに開示することです
できる親の共通点は「勉強をしなさい」と言わないことです

成功する人と
しない人の
一番の差は……

019
成功と失敗の違いを示す

忍耐力がないから成功しないんです

成功する人としない人の一番の差は忍耐力なんです

　前項は成功者の「共通点」でしたが、成功者と失敗者の「相違点」を述べる方法も有効です。

　人は比較して考える生き物です。「あの人と自分はどこが違うんだろう。その差を埋めれば自分もうまくいくかな」と考えます。

　たとえば「できるリーダーとダメなリーダーの違いは仕事の渡し方に現れます」と言われれば、「えっ？　それって具体的にはどういうこと？」と思うでしょう。

　そこで、両者の違いを対比させながら説明します。
「できるリーダーは楽しい仕事を部下に任せますが、ダメなリーダーは楽しい仕事を自分でやってしまいます」

　このように相違点を明確に、メリハリをつけて提示します。

　聞き手は「自分はどちらだろう？」「その部分が違ったんだ！」と考えながら話を聞いてくれるでしょう。

[使用例]
勝てるチームと勝てないチームは目標設定に違いがあります
若手を採用できる会社とできない会社は、受付でわかります

残念な人は、
大抵○○して
しまうんですね

＼残念な人／

020
失敗する人ではなく残念な人と言う

意味のない仕事に全力で取り組むのはダメなんです

残念な人は、意味のない仕事に全力で取り組みます

　仕事がうまくいかない人のことを「残念な人」と表現することが増えました。

『残念な人の思考法』（日本経済新聞出版社）の著者、山崎将志氏によると、「残念な人」とはやる気・能力は OK だが、行動する前提条件が間違っていて、結果が今ひとつになる人のことをいうそうです。つまり能力はあるんだけど「惜しい！」というニュアンスですね。

　話を聞いている人も、自分のことを「無能な人」とは思っていないでしょうから、この「頑張っているけど、惜しい人」というニュアンスで説明されると自分ごとで考えられます。

　失敗してしまう原因は、自分では気づかないものです。
　プレゼンの前半で「残念な人は○○でつまずきます。そこさえ良くなれば結果は全然違うはず」とたきつけましょう。
　そして後半で、「では、どうすればいいのかというと……」と話をつなげれば興味を持って聞いてくれるでしょう。

[使用例]
残念な人は、資料のデザインに時間をかけすぎます
敬語を丁寧に使いすぎて信頼されない残念な人が結構います

ポイントは
３つあります

021
相手の頭に３つの空箱を置く

たくさん大事なポイントはあるので順番に説明すると……

大事なポイントは3つです。まず1つ目は……

　「ポイントは3つです」と言えば、聞き手は頭の中に3つの箱を用意します。そして1つずつの箱に話を入れるイメージで理解しようとしてくれます。

　「松・竹・梅」「L・M・S」「人・モノ・金」など、3つで言うと話が理解しやすくなります。

　プレゼンの場合、たくさんポイントをあげた方が説得力が増すように思うかもしれませんが、聞き手の頭に残りません。

　「ポイントは4つあります。それは機能と耐久性とコストとデザインです」と言われるとなんだか覚えにくくなります。

　ところが「ポイントは2つあります。それは品質とコストです」と言うとなんだか物足りません。

　結果、「ポイントは3つあります。それは品質とコストとデザインです」というように3つで言えば、シンプルでありながら納得感があり聞き手も覚えようとしてくれるわけです。

[使用例]

学生を見分けるポイントは3つです。1つ目は話し方で……
今回の問題は3つあります。まず1つ目は品質の問題です

最大の課題は、
○○なんです

022
「課題」「大切なこと」を文頭におく

子供のために準備してしまうことが課題です

課題は、子供のために準備してしまうことです

　日本語は「……が課題です」「……が重要です」というように「課題」や「重要」という言葉は最後にくることが多いです。

　つまり、文章を最後まで聞かないと、伝えたいことが「課題」なのか、「重要なこと」なのか、「メリット」なのか、「気になること」なのか聞き手にはわかりません。

　以下の2つの文章を比べてみましょう。

「育児中の女性社員の上司が信頼できる人でも、育児の大変さを理解していないことが多いというのが問題です」
「問題は、育児中の女性社員の上司が信頼できる人でも、育児の大変さを理解していないことが多い、ということです」

　前者は、話の途中まで「上司を褒める」のか、「上司の問題を指摘するのか」わかりません。
　後者は、はじめから「上司の問題」と理解して話を聞くので、「何が問題なのかな」と想像しながら話を聞くことができます。

[使用例]
課題は、いかにして自分が手を出さないようにするかです
重要なのは、洗う前に食器をしっかり水に漬けておくことです

ユーザーの不満の
トップ10は……

023
ランキング化する

ユーザーの不満はたくさんあります。まず……

ユーザーの不満のトップ10！　まず10位ですが……

　テレビでも雑誌でもランキングのコーナーは人気です。
「トップ10を下から紹介しますね」と言っただけで、聞き手
は「絶対１位はあれだよ」とか「自分が思っているのは何位だ
ろう」などと思いながら話を聞いてくれます。

「トップ３」「トップ５」「トップ10」など順位をつけること
で、情報が整理されている印象も与えられますし、ランキング
は雑談のネタになるので覚えようとしてくれます。

　ランキングの数をいくつにするのか悩ましいですが、トップ
３くらいに絞った方がいいでしょう。トップ10にするなら下
位は省略したり、軽くふれる程度でいいでしょう。

　ランキングは必ずしも、しっかりとした調査をする必要はあ
りません。
「私が選ぶ初心者にオススメの登山スポットベスト５」とか
「私が接した困ったお客さんトップ10」など、自分の経験をラ
ンキングにすれば誰でも簡単につくれます。

[使用例]
神戸で女性に人気のパン屋のトップ10ですが……
私が考えるダメ営業のトップ３について説明しましょう

そんなとき、
皆さんだったら
どうしますか？

みなさん

024

問いを立てる

痩せるために糖質をカットすべきです

痩せるために何をすべきか？　糖質カットです！

　人は問いかけられると考えてしまいます。テレビでも「明日の天気はどうでしょうか？」「なぜ真面目な社会人の彼が犯行に及んだのでしょう？」と問われると思わず考えてしまいます。

　問いかけには、つまらない勉強であっても楽しくする力があります。

　池上彰氏の番組で扱うニュースを新聞で理解しようとすれば、秒殺で眠くなるでしょう。しかし、池上さんに「なぜヨーロッパと日本ではこれほど考え方が違うのでしょうか？」と質問されると、真面目に答えを考えてしまいますよね。

　何を問えばプレゼンに興味を持つかなと考えてみましょう。たとえば「簡単な料理法」のプレゼンなら「皆さんは料理にどれくらいの手間を掛けていますか？」と問えばいいわけです。

　問いを立てると「自分ごと」で考えてくれます。逆に良い提案でも「自分とは関係ない」と思うと聞いてくれません。

[使用例]
女性が活躍できる社会にするために何をすべきでしょうか？
日本人がお辞儀をするのはなぜでしょうか？

ここである疑問が湧いてきます。本当の○○はなんだろうと

025

皆が思う疑問を言う

女性でもできるんです

↓

ここで疑問が湧くでしょう。女性でもできるかなと

　プレゼンがうまい人は、「質問」と「答え」を上手に組み合わて説明の流れをつくっていきます。

「ダイエットのポイントは？」「糖質を制限することです」
「具体的には？」「ご飯、イモ等を制限することです」
「続けるのは難しくない？」「2週間制限すると体が慣れます」
　このような「質問」と「答え」のキャッチボールになります。

　具体的には「ご飯、イモ等など糖質の多い食品を制限することはご理解いただけたと思いますが、ここである疑問が湧いてきます。『でも、ずっと続けるのって難しくないかな？』と。なので、糖質制限はまず2週間頑張ることが大切です。すると体が慣れてきます」といった感じで話してみましょう。

　聞き手の頭に浮かびそうな疑問を言うことで「そうそうそれを思った！」「なんで、それが知りたいのかわかったの？　すげー」と、どんどん話に引き込まれていくでしょう。

[使用例]
皆さんの疑問は「初心者には難しいかも」ということでしょう
意味はわかるけど、本当かなと思われた人もいるでしょう

それが本当に○○と言えるでしょうか？

常識を疑え！

026
一般論に疑問を呈する

それでは管理しているとは言えないでしょう

それが本当に管理していると言えるのでしょうか？

「それって本当に正しいの？」と世の中の常識に疑問を投げかけられると人はドキッとします。
「たしかに深く考えなかったけど、言われてみれば本当にこれで良かったんだっけ？」と思考がグルグル回り始めます。

「常識を疑え」と言われても、何が常識かを意識するのは難しいものです。
　毎日、何気なく歯を磨き、電車に乗って、上司に挨拶をして、パソコンのメールをチェックし、お客様のオフィスを訪問する。そんな無意識の行動に疑問を投げかけるわけです。

「そのメールって本当に意味があることなんでしょうか？」
「それがお客様との最適な関係なんでしょうか？」

　この人はなんてモノゴトを深く考えているんだろう、と聞き手は思います。そして「自分は深く考えずに日常を過ごしている。何が本当の答えなのかな？」とその先の話を聞きたくなるでしょう。

[使用例]
それで本当に歯を磨いていると言えるでしょうか？
それが本来あるべき先生の姿なんでしょうか？

今朝、ココに来る途中で こんなことが ありまして……

027

今日あったエピソードに触れる

今日はスマホアプリの紹介です。さっそく本題ですが……

今日はスマホアプリの紹介ですが、今朝実は……、

　プレゼンにライブ感は重要です。今日あった出来事を盛り込むとプレゼン力が高いというイメージを聞き手に与えられます。

　ただ、どんな話をするかは考慮が必要です。単なる雑談にならないようエピソードはプレゼンにつながる内容にしましょう。

「お金」の話であれば「お金」のエピソード、「イライラ解消グッズ」の話であれば「駅で怒っている人」のエピソード。

　たとえば子供向けのスマホアプリの話であれば、駅で見かけた親子のエピソードは使えます。
「今日、困った親子を見まして、子供は商店街をドンドン進んでいくのですが、母親はスマホで電話していて子供に注意を払っていない。しばらくすると……」みたいな感じです。

　そして、「泣きじゃくる子供を抱っこしたお母さんが子供に謝る姿をみてホッとしました。よくあることだと思いますが、今日プレゼンしたいスマホアプリも……」と本筋に戻します。

[使用例]
今朝、幼稚園の前で子供を叱っているお母さんが急に……
今日ランチタイムに店員さんにこんなことを言われました

最低3ヶ月かかる
内容を今日はポイント
だけ30分で伝えます

お得

028

濃密な話のお得感を出す

30分しかないのでうまく伝わらないかもしれませんが

最低３ヶ月かかる内容を要点だけ30分で伝えます

　聞き手は長い話が嫌いです。話す方は30分の説明は時間が足りないと思いますが、聞き手は長いなあと考えます（不思議とプレゼン時間が５分でも10分でも同じように話し手は時間が足りない、聞き手は長いと思うものです）。

　なので、時間を短く感じさせる一言を加えてみましょう。

「これをマスターするには最低３ヶ月かかるのですが、今日はポイントだけを30分でお伝えします」
　こう言えば濃密な話が聞けそうなイメージを演出できます。
　５分で理解できる話を30分で説明されると嫌ですが、３ヶ月かけてマスターする内容を30分で重要なポイントだけ聞けるのであればお得だと感じます。

　話の端々で、このノウハウをどれだけの手間ひまを掛けて身につけたものかということをしっかり説明しましょう。
　そうして「皆さんはこれを30分で聞けるなんてラッキーですよ」という風に話すと効果的です。

[使用例]
10年かけて調べたエッセンスを１時間に凝縮して伝えます
欧州各国を旅してセレクトした厳選商品を30分で紹介します

第3章

「驚きを与える」言い回し

こちらの安い方で
機能は充分です

029
あえて安い方を勧める

高い方だとすべてのオプション機能がついています
↓
こちらの安い方で機能は充分です

　モノを売るときに高い方を売りたいというのは素直な気持ちでしょう。聞き手もそれはわかっています。なので、安い方を勧められると聞き手は「えっ？」と一瞬耳を疑います。

　人はなんとなく一番安い商品を買いにくいものです。
　松竹梅であれば真ん中の竹を買ってしまうもの。セコい客だと思われるのが嫌なのです。

　そんな中、説明する人の方から「安い方で充分ですよ」と言われれば場の空気が和みます。
　そして話し手のことを信頼してくれるでしょう。

　そうして信頼を勝ち取ったあとに、「大抵の人は安い方で充分ですが、もし○○という機能が必要であれば、これがまた素晴らしい機能なんですが、それだけはゴメンナサイ高い方にしかついていないんです」と言えば、聞き手はあなたの言うことを信じて高い方を買うしかなくなるわけです。

[使用例]
私だったらこちらのスタンダード版を買うでしょうね
初心者なら○○機能はないですが、低価格版でも悪くないです

今日、別に
買ってもらわなくても
いいんです

030
買わなくていいと言う

今日はご購入を検討されていますか？

今日、別に購入されてなくていいですよ

人は仕事ができる人からモノを買いたいものです。「買わなくてもいい」と言われれば、戸惑いつつも安心するのではないでしょうか。そして、直感的に「この人は売ることに苦労していないんだ」と思うでしょう。

石原明氏のベストセラー『営業マンは断ることを覚えなさい』（三笠書房）によると、営業は断れば断るほど物が売れるそうです。客にこの人から買わなければ損だという心理が働くからです。

普通売る側は、お客様にペコペコするのが当たり前と思っています。よって、買わなくていいと言えばその立場が逆転し交渉の主導権を握れます。

同時にプレゼンターの自信も伝わります。この人は自分から売上をあげなくても、ノルマを楽々達成しているんだろうなと思います。そういう人とは長くお付き合いしたいなあと思うでしょう。勇気のいる一言ですが、まず自分にとって「長くは付き合いたくないな」と思う顧客で試してみると良いでしょう。

[使用例]
今日じゃなくても、しっかり考え納得してから買ってください
今日承認をもらわなくても、ご意見を伺えれば結構です

口コミで
広がりまして……

031
評判を感じさせる

いろいろSNSにも広告を打っているんです

口コミで広がりまして急に売れ始めたんです

　口コミは実力の証です。SNSにも広告が大量に流れてくる時代、広告はうっとうしいと感じる人も多いでしょう。逆に人からオススメされたモノは、魅力が高まることでしょう。

　どのように口コミが広がったのか、いつ頃、何がキッカケで広まったのかを説明できるようにしておきましょう。
　ジワジワ売れていく成功ストーリーは魅力につながります。

　口コミがある商品は大ヒットの予感がします。
　自分が知らなかったモノが「口コミで広がってます」と言われると、大ヒットする前に試してみたい。流行に先んじて知っておきたいという心理が働きます。

　口コミで広がったということは大々的な広告をしていないという証拠にもなります。
　つまり広告費が価格に転嫁されていない割安なイメージを持たせられます。

[使用例]
女子高生から口コミで火がつきまして、次第に広がったんです
SNSってスゴイですね。口コミで急に忙しくなりました

ちょっと
お待ち頂く場合も
ありますが……

まっよ〜

032
人気で忙しい雰囲気を出す

いつでもご依頼ください！　お待ちしています

ちょっとお待ち頂く場合もありますが……

　人気があるということを、それとなく伝える方法の１つが
「待たされる」という状況でしょう。

　ダン・アリエリー著『お金と感情と意思決定の白熱教室』（早
川書房）によると、深夜の通販番組で「オペレーターがお待ち
しています。お電話ください」という言い方を「電話がつなが
らない時はおかけ直しください」に変更したところ売上が倍増
したそうです。
　これはソーシャル・プルーフ（社会的証明）と言い、「他の
人がやっていることは素晴らしいに違いない」と考えるから。

「すぐに手配ができない」「待たされる」と言うとお客さんが
離れると思いがちですが、「人気で混雑している」「営業が大量
注文の処理に追いつかない」という印象を与えます。

　待つ時間は「3週間ほどかかるかもしれません」と少し長め
に言いましょう。すると実際より早く手に入れられると「思っ
たよりも早くゲットできた」と喜んでくれるでしょう。

[使用例]
平日も結構並んで頂くことが多いです
本当に申し訳ありませんが、半年先まで埋まっていまして……

計算すると10秒に
１個売れていることに
なります

今 1コ 売れた

033
数字で具体化する

いつもかなりの数が売れています

計算すると10秒に１個売れていることになります

　説得力を増すために数字を使うのは<ruby>常<rt>じょう</rt></ruby><ruby>套<rt>とう</rt></ruby>のテクニックです。「たくさん売れてます」「かなり安いです」と言われるより、「10秒に１個売れています」「他社より３割安いです」と数字を使って具体的に言われる方が聞き手はクリアに理解できます。

　数字を使えばイメージがズレることもありません。誰にとっても10秒は10秒ですし、2000個は2000個でしょう。

　ただ、数字があまりにも大きいと聞き手がイメージできなくなりますので注意が必要です。
「新規格では20000Mbps の超高速な通信速度を実現するんです」と言われても普通はピンと来ません。

　なので、比較対象と比べて数字を言うようにしましょう。
　たとえば「旧規格が200Mbps だったので、新規格はその約100倍の速度です」と言えば詳しくない人でもイメージできるでしょう。

[使用例]

１日2000個できる商品が毎日３時には売り切れます

私は80キロだった体重を２ヶ月で68キロまで落とせました

○○より、
○○のほうが
スゴイんです

クマのほうが
おもいのです

034
他と比べて際立たせる

扉なしの収納でスッキリ片づきます

扉付きより扉なしの収納の方がスッキリ片づきます

　モノゴトは何かと「比較すれば」わかりやすくなります。「この車の操作性は優れています」より、「この車は、あの車より操作性が優れています」の方がスッと頭に入ります。

　「このデザインはカッコイイ」「この商品は手頃な値段だ」では聞き手は漠然としているなあと思うものです。
　すべては比較対象があってこそ言えることなのです。

　比較する方法は2つあります。1つは「ライバルと比べて優れている」つまり英語の比較級（A is better than B. ／ AはBより優れている）。もう1つは「ある領域の中で最も優れている」つまり英語の最上級（A is the best in this shop. ／ Aはこの店の中で最も優れている）です。

　つまり、「ライバルはなんだろう？」「どの範囲の中で比べればいいのだろう？」と考えてみましょう。
　できれば有名なライバルやよく知られた領域で説明できるといいですね。そうすれば聞き手は簡単に理解できるはずです。

[使用例]
ゆっくり話すより間を取って話す方が効果があります
間を取って話すことは話し方のコツの中で最も効果的です

大切なのは
○○ではないのです！
△△なんです

035
常識を否定する

交渉力が英語力より大切です

大切なのは英語力ではないのです。交渉力です

「大切なのはそれではない！」。このように常識を否定されると聞き手は驚きます。「この人は何を言い出すんだろう」という興味がわき、話に引き込まれていくでしょう。

世の中を変えるのは、常識を打ち破り新しい価値を提供してくれる人です。つまり目の前で常識を否定されると、この人は時代の変革者なのかもしれないと聞き手は思うことでしょう。

そして「じゃあ、大切なのはなんだろう？」と、思考がグルグル回り出します。

なので、次の一言を言う前にしっかりと間を取って会場にいる人の表情を確認しましょう。たとえばこんな感じです。

「営業で大切なのは実は提案力ではないんです」
会場を見渡し間を取る（聞き手「えっ、じゃあなに？」）。
「大切なのは、実はお客様を何度も訪問し会うことです」

これで聞き手は唸ります。

[使用例]
必要なのはセンスではないんです。優れた作品を見ることです
大切なのはお金ではなく、その場にあう演出をすることです

◯◯というやり方は
もう古いんです

それ古いよ

036

現状の考えを古く感じさせる

新しい部下のマネジメント方法があるんです

その部下のマネジメント方法はもう古いんです

「新しいやり方がありますよ」と言われるより、「今やっているやり方はもう古いですよ」と言われる方がドキッとします。世の中の変化が速いとは知っていても、意外と情報のアップデートをしていないものです。

新しいやり方が出てきたとしても、しばらくは今の方法でいいやと思います。というのも、新しいやり方を覚えるのはそれなりに面倒くさいものだからです。

故に、古いやり方だと損をすると訴えかけましょう。「古いやり方だと手間が3倍以上かかります」「新しいやり方に比べてコストが3割高いです」と。

そして、「新しいやり方を採用している人が既に3割を超えています」と変化の流れを示します。世の中の人が変わりはじめている印象も大切です。

最後に、「新しいやり方を覚えるのは、それほど手間ではありません」と変化を促しましょう。それで聞き手は、重い腰を上げる必要があるかも……と考えはじめます。

[使用例]

社員がメンテするやり方は古いです。自動更新機能で……

まだ、その入力方法でやっているんですか？　手間が10倍違います

ここ5年間で
実は◯倍もの数に
なっているんです

ここ5年で10倍太りました

037
過去の変化で未来の変化をイメージさせる

3年後1000万人突破も可能です

５年で５倍なので３年後1000万人突破も可能です

　提案した取り組みが、いつ実を結ぶのかイメージできないことはないでしょうか。たとえば、新規事業の提案で結果が出るのが１年後なのか10年後なのかがわからないことがあります。

　そのようなときには過去の変化を説明することで未来の変化をイメージしやすくできます。

　たとえば「数字は小さいですが利用者数は５年で５倍の伸びを示しています。このペースは未だ衰えていませんので、うまくPRすれば３年後には1000万人の大台を突破することも可能です」と言えばいいでしょう。

　まだ始まっていない内容なら似た事例を参考にします。

「この新規事業の成功には時間がかかりますが、いま売れ筋の商品Ｘも開発当初は反対意見が続出したものの３年で黒字化し７年で主力商品に成長しました。この新規事業もユーザーの反応が良く商品Ｘと同じような成長をする可能性はあります」と言えば、役員陣も成功した未来をイメージできるでしょう。

[使用例]

３年で15店ですが、あと５年で100店舗は実現させます

過去の生徒も８月から頑張って合格しているので可能です

今の延長線上には
○○はないはずです

038
思考の大転換を促す

新しい取り組みが会社には必要です
↓
今の延長線上に会社の未来はないはずです

　これまでと違う大転換を説明しているのに、聞き手がまったく理解しないことはよくあります。

　人は変化が恐い生き物です。できれば今の方法を踏襲（とうしゅう）していきたいと思うのが本音でしょう。

　成長に使うキーワードとして「改善」と「革新」があります。

「改善」は現状の問題点をより良くしていく形で成長していくスタイル、「革新」は現状とはまったく違うところで成長の新しい種をつくるというスタイルで、有名な喩えは、「馬車をどれだけ改善しても、汽車には勝てない」というものがあります。

　ガラケーがスマートフォンに置き換わる、フィルムのカメラがデジタルカメラに置き換わるなどの例は革新と言えます。

　そうした説明をしたうえで、「革新を求めているのに、現状の延長線（改善）レベルで考えていてはダメだ」と生ぬるい考えを持った人にぶつけてみましょう。

[使用例]

市場の縮小を見ると惰性で続けているとジリ貧になります
新人に社長をやらせるくらいの柔軟な発想の転換が必要です！

知らないと損している
かもしれません

039

得ではなく損に訴えかける

これで1日200円お得になります

知らないと1日200円損しているかもしれません

　人は無意識に「得すること」より「損すること」を避けようとします。これは「損失回避の法則」という心理学の法則です。

　たとえば100ドル得たときの嬉しさより、100ドル失ったときの悲しさの方が2倍強いと言われています。

　つまり、「これをすると100ドル得しますよ」と訴えかけるより「これをしないと100ドル損しますよ」と言われた方が、聞き手に強いインパクトを与えることができるわけです。

　皆さんも、「もっと安いものがあるのに知らずに高いものを購入して損した」「ある情報を見落としていたために、間違った選択をして苦い思いをした」という経験はないでしょうか。そういった損した記憶は得した記憶より強く残るでしょう。

　つまりプレゼンでも「これをすると得ですよ」と言われると「まあ、いいか」と思いますが「これをしないと損をしますよ」と言われると「なに？　なに？」と聞く気になります。

[使用例]

その方法を知らずに非効率なやり方で損をする人が多いんです

今日を逃すと50%オフのサービスは受けられず損ですよ

我々の調査によると
○○している企業が
86%もあるんです

040
自社調査の意外な数値を使う

この悩みを持つ子供がかなり多くいます

我々の調査ではこの悩みを持つ子供が79％います

　プレゼンに数字を盛り込むことは有効ですが、なかなか世の中にはちょうどいい情報はないものです。なので、普段から社内で数字を集めるようにこころがけておきましょう。

「商品の満足度」「リピーターの数」「顧客課題の割合」など、数字を探す前にどのようなプレゼントークをしたいのかを考えてみましょう。それから社内の数字を探します。データベースを見たり、マーケティング部門に聞くなどして調べます。

　調査が広範囲にわたりそうなら、東京圏にしぼるとか、今年のデータにしぼるなど限定すれば比較的うまくいきます。

　それでも難しければ、自分の身の回りの数字を手帳にメモしておき、その数字を使ってもいいでしょう。
「ここ1年間のお客様のデータを手帳に記録しているのですが、その範囲で言いますと液漏れというトラブルで困っている方が約85％います」と言えば、この人はスゴイと驚いてくれるはずです。

[使用例]

弊社の調査によると上司に不満がある人は73％にのぼります

私の5年間の記録によると92％がこれと同じ型を買っています

営業本部長の
協力は既に
取り付けています！

041

根回しは、もう済んでいると言う

営業さえ協力してくれれば、すぐ実行できます

営業の協力は得ていますので、すぐ実行できます

　プレゼンを実行するときに障害になるものが2つあります。
1つ目はもちろん予算ですが、もう1つは人の協力です。

　他部署の協力が得られないで頓挫するプロジェクトは結構あ
ります。「営業が売ってくれない」「開発が対応してくれない」
「情報システム部がセキュリティーにうるさい」など、ゴーサ
インが出た後にどんな障害があるのかを考えましょう。

　聞き手もそこを気にします。「この人は熱意を持って取り組
むと思うが、他部署の人は協力してくれるかな」と。

　通常、どこの部門でも人員にゆとりはありません。どれだけ
提案が良いとしても、今ある仕事を止めてまで協力するのは難
しいということがよくあります。

　なので、先手を打って協力が難しそうな部門からの同意を得
ておきましょう。その同意を得たことをプレゼンで伝えれば、
その手際の良さに意思決定者は感服するでしょう。

[使用例]
関係部署には説明して参加する候補者を出してもらっています
既にトランプ氏のOKはもらっています

第 4 章

「納得感を高める」言い回し

ではそのエビデンス（証拠）を示しましょう

042
あえて小難しいカタカナを使う

こちらがその根拠です

ではそのエビデンスを示しましょう

　プレゼンは伝わらなければ意味がないのでカタカナ用語や専門用語を多用し聞き手を煙に巻くプレゼンは褒められません。

　しかし、ちょっと小難しいカタカナを使うことで、プレゼンがスマートに聞こえ納得感が高まることがあるのも事実です。

　今流行りのライザップのコピー、どちらが良いでしょう？
「結果にコミットするライザップ」
「結果に責任を持って取り組むライザップ」

「コミット」という言葉の正確な意味はわからなくても、その言葉をあえて使っていると伝わります。プレゼンのスパイスとしてカタカナを入れるのはありでしょう。

　ただし伝わらないと思う言葉であれば、続けて日本語で補うといいでしょう。「ではそのエビデンス、根拠となる数値を示しましょう」とカタカナ＋日本語補足というやり方です。

　カタカナが多いとウザくなりますが、適量であればプレゼンのクオリティー、つまり品質をあげる印象を与えられます。

[使用例]

2つを同時にするとシナジー、つまり相乗効果を得られます

やはりリーダーがイニシアチブ、主導権を取るべきです！

明治維新の
ようなものです

043

歴史に置き換えて考える

この改革はとても大きな変化になります

この改革は明治維新のようなものです

「愚者は経験に学び、賢者は歴史に学ぶ」というように、人間の悩みや葛藤は大抵過去の歴史上のエピソードに似たものを見つけることができるものです。

「なんであの人が認められるの？」「そんな急な変化は厳しいよ」といった、一見受け入れられにくい話も歴史に喩えることで腑に落ちます。

　使える歴史の出来事や人物を少しあげてみましょう。
「黒船」→異分野のプレッシャーによる大きな変化
「遣唐使」→レベルの高いところにわざわざ学びに行く
「戦国時代」→役員や管理職の争い・混乱状態
「明治維新」→意識改革、人の立場や思考の大転換
「織田信長」→うまく出世したチョー恐いワンマン上司
「井伊直弼」→社内政治に勝ち出世した嫌な奴

　歴史に置き換えることで、今ある状況も固有の問題ではなく生きていると起こりえることなんだという共感がえられます。

[使用例]
黒船が来たときのようなプレッシャーを感じているはずです
信長ばりの強権ですが、部下に裏切られるかもしれませんね

脳の仕組みから
言うと……

のうみそ↓

044
脳科学用語を使う

普通、人はそうしてしまうと思います

脳の仕組みから言うと、そうしてしまうのです

「男と女で意見が違う」「モチベーションが急にさがる」など、人の思考はミステリーです。

左脳が理屈、右脳が感覚とも言われますが、脳の専門用語を使うことで、よくわからない人の行動について、いかにも納得感があるように説明することができます。

脳に詳しくなくて大丈夫です。使えるキーワードを覚えて「ドーパミンが出て来た！　頑張れそう」みたいに使います。

「大脳・小脳・脳幹」→順に思考、運動、生命を司る機能
「前頭葉」→大脳新皮質にある高度な思考・創造を司る機能
「海馬・側頭葉」→前者が短期記憶、後者が長期記憶を司る
「ドーパミン」→モチベーションがあがる幸福物質
「アドレナリン」→火事場の馬鹿力をだす興奮物質
「セロトニン」→心を落ち着け平常心を保つ癒やし物質

人間の行動は脳が決めて指示を送っているわけですから、その仕組みから説明されると反論しにくいでしょう。

[使用例]
繰り返し学習で海馬の短期記憶を側頭葉の長期記憶に移します
アドレナリンを出してフルパワーでいきましょう

重要な20%に力を注げば80%の効果が得られます

ビジネス法則を
つかえ！！！

045

ビジネス法則を使う

重要なことに注力しましょう

20：80の法則です。重要な２割に注力しましょう

　自分の経験やノウハウだけで人を説得するのは骨が折れるでしょう。そんなときに使ってほしいのがビジネス法則です。

　たとえば「20：80（パレート）の法則（20％の人が80％の成果をあげる）」を知っていれば、次のような言い方ができます。「全員を強化するより、優秀な20％の強化をする方が効果が高いでしょう。パレートの法則と言って優秀20％の人が利益の80％を稼ぎ出していることがよくあるからです」。

　使いやすい法則はたとえば以下のようなものでしょうか。
「メラビアンの法則」話を伝えるには内容７％、話し方38％、見た目55％の割合で影響する
「ハインリッヒの法則」１つの重大事故の背後には29の軽微な事故、300の異常が存在する
「パーキンソンの法則」効率化を進めても仕事は勝手に増えてくる。仕事は与えられた時間いっぱいに増加する
「マズローの法則」人の欲求には５段階ある（生理的欲求、安全の欲求、所属と愛の欲求、承認の欲求、自己実現の欲求）
「ピーターの法則」人は能力に応じて出世し上がれないところで止まるので、出世が止まった大半の上司が無能に見える

[使用例]
マズローの法則によると承認の欲求を満たすことが重要です
ハインリッヒの法則でいう事故の背後の300のミスをつぶそう

ドラッカーも、
こう言っています

わんこも言っています

046
有識者の引用で自分の考えを補強する

差別化には革新を続けることが不可欠だと私は思います

ジョブズも革新の大切さについてこう言っています

　話の説得力は何を言うかより、誰が言うかに依存する側面が大きいものです。カリスマ社長が「これからはイノベーションが重要だ」と言うと「なるほど」とメモを取りますが、入社3年目の若手が同じことを言うと「まあ、そうかもね」としか思われません。これは信頼度や実績の違いからくることです。

　なので、実績のない人は同じことを言っている有識者の名言を借りましょう。これが引用のテクニックです。

　ネットで調べれば大抵の表現は見つかります。たとえば「イノベーション」「名言」で検索すればピーター・ドラッカーやスティーブ・ジョブズの言葉を見つけられるでしょう。

　その名言で自分の考えを補強します。たとえば「ピーター・ドラッカーはこう言っています。『ビジネスには2つの機能しかない。マーケティングとイノベーションである』。私も同感です」という感じで。

　説得力が増すとともに、いろんなことを知っている人だなあという印象も与えられます。

[使用例]
松下幸之助も「商売とは、感動を与えることである」と言ってます
「何かを捨てないと前に進めない」とジョブズも述べています

日本の労働力人口は約○○○万人ですが、そのうち……

人口 1.2 おく

047

大きな数字から入る

日本の借金はますます増えています

日本の借金は約1000兆円とますます増えています

　人の思考は全体像から始まって、細かい詳細へと進んだ方が理解がしやすいものです。

　数字もそれと同じです。大きなものから提示して、徐々に具体的な数字に入っていく方が全体との関係性や規模感がイメージでき納得しやすくなります。

　具体的には以下のような数字をざっくりと上位2桁くらいで覚えておきましょう。

・人口　日本1.2億人、米国3.2億人、中国13億人
・GDP　日本4.9兆ドル、米国18兆ドル、中国12兆ドル
・日本の国家予算100兆円、税収60兆円、国の借金1000兆円
・日本の労働力人口6800万人、高齢者人口3400万人
・日本の平均賃金420万円・労働時間1700時間（バイト含）

　そうすれば、組み合わせで説得力のある話がつくれます。たとえば「日本の人口が1.2億人で国の借金は1000兆円あります。つまり私達1人ひとりは830万円ほどの借金を背負っていることになります」と言えば納得感は高くなるでしょう。

[使用例]
中国のGDPは12兆ドル。ビジネスチャンスは増えますね
働く人6800万人で高齢者3400万人を支える。2人で1人の計算です

○○と○○が
トレードオフの
関係なんです

048
ジレンマの関係性を指摘する

品質向上とコスト削減の問題について考えましょう

品質向上とコスト削減がトレードオフの関係です

　プレゼンは問題の解決策を提案する場ですが、問題の指摘に納得感があると、聞き手はその後の解決策を聞いてくれます。

　そして問題の指摘に有効なのがジレンマ、つまり「こちらを立てれば、あちらが立たず」という関係性を示すことです。
　たとえば、「環境に配慮した自動車をつくろうとするとコストが高くなる」「社員のために給料をあげると会社の利益を圧迫する」「甘いものを食べたいがダイエットもしたい」など。

　ジレンマはトレードオフ、二律背反、利益相反、板挟みの関係と言ってもいいでしょう（正確には意味が違いますが、プレゼンするときは気にしなくてもいいでしょう）。

　聞き手は問題があるとわかっていても何と何が対立してうまく行っていないのかを必ずしも理解できていません。
　プレゼンターが、そのジレンマをわかりやすく指摘すると、その分析力、本質を摑む力に感心するわけです。

[使用例]
高機能化と軽量化はトレードオフの関係なので難しいわけです
自分でやるか、部下に任せて育てるかがよくあるジレンマです

もちろん完璧な方法は ありません。そうなら 全員成功してます

絶対なんてない!!

049

絶対ではないとあえて言う

うまくいくかは状況によるのですが……

もちろん完璧はありません。あれば全員成功します

　新しいやり方を提案したときに、「その方法で本当にうまくいくの?」と指摘されることもあるでしょう。「大丈夫です」と答えても聞き手は安心してくれるとは限りません。

　そもそも、何事も絶対うまくいくということはないでしょう。そういった状況で「できる、できない」という議論になってしまうとプレゼンの内容に集中できなくなってしまいます。

　なので、こちらの方から「絶対はない」と先に言ってしまいましょう。

　たとえば「この営業システムで基本的には売上は向上します。もちろん全員完璧にということは難しいかもしれませんが」という感じです。

　そして例外がどのようなときに起こるのかを説明します。「たとえば、そもそも営業システムを面倒くさがって、情報を入れない人もたまにいますので、そういった場合はやはりうまくいきません」と言えば聞き手も「たしかにそれならしかたないね」と思ってくれるでしょう。

[使用例]

絶対とは言い切れませんが、こちらの方がうまくいくでしょう
タブレットPCを使えば全員とは言えませんが成績UPします

成功確率は
70％ほどですが……

050
あえて微妙なパーセンテージを示す

この改善方法でうまくいくケースもそこそこあります

この改善方法の成功確率は70％ほどです

　前項で「絶対はない」という話をしましたが、具体的にどの程度の成功確率なのだろうと思うこともあるでしょう。

　そういった場合のために成功確率を伝えることも納得感を出す上で効果的です。

　聞き手は成功確率が90％以上を期待するかもしれません。ただ無理に高めの数字を伝えるより、少し低くめに提示した方がリアリティーを感じてくれるものです。

「正確に調べていませんが成功確率は70％ほどでしょうか」とあえて微妙なパーセンテージを示してみましょう。

　聞き手は、「たしかに妥当な数字のような気がする」と思いつつ、判断に迷うでしょう。

　そこで追加のアドバイスをします。「失敗する人は機能を半分も使わず効果が得られません。機能を覚えて使いこなしている人だけの成功確率は95％以上です」。まず低めに見積って、ある条件をクリアすれば高くなると言えば納得感は高まります。

[使用例]

成功確率は70％ですが、3週間続けた人は97％です

フリーアドレスは失敗事例も多く成功は65％くらいです

ベストな方法がない ときでも、ベターな 方法を試すべきです

051
現実的な最良案だと思わせる

どの案も一長一短でベストと言える方法はないのですが……

↓

ベストな方法がなくてもベターを試すべきです

　仕事で悩む人は、「あれでもない、これでもない」と意思決定ができずにいつまでもグジグジしています。そもそも欠点のないパーフェクトな打ち手など存在する方が稀（まれ）でしょう。

　なので、「これは行ける！」というベストな案がない場合でも、現実の中で考えうる最良の案を提示することは大切です。

　ただし、その案をそのまま提案した場合、「それは、ここが問題だ」「こういったリスクがあるんじゃないの」とケチをつけられかねません。

　そこで言ってほしいのが「ベストがないときにも、現段階の最善策を試すべきです」という言い方です。

　続いて、「考えうる選択肢はA案、B案、C案の3つありますが、この中ではA案が完璧ではないにしても、コストと効果のバランス面から最善です」と理由をつけて言ってみましょう。

　何も決めずに動きを止めるより、なんらかの打ち手を試す方が良いということを相手もわかってくれるでしょう。

[使用例]

ベストな解答はありません。しかしこれは効果があります

既存の計画が頓挫した今、プランBに切り替えるべきです

"知っている"と "できる"には 大きな差があるんです

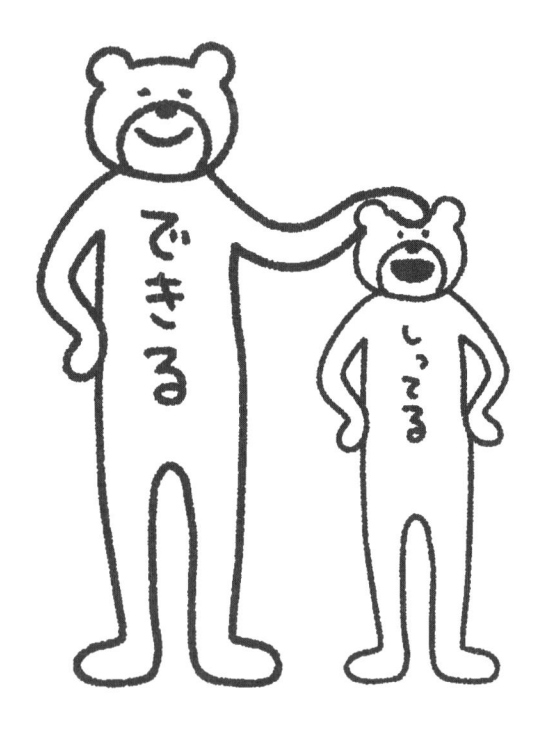

052
実行の難しさを指摘する

挨拶の大切さをわかっているということは重要です

挨拶の大切さを知っているとできるは違います

　人の話を聞いていて「それは知っている、わかっている」と言う人がいます。ところが実際には、知っているけど、できていないことは、世の中にはたくさんあります。

　子供も自転車は両手でハンドルを持ち両足でペダルを漕いで乗ることは知っていますが、できるようになるのは大変です。
　歩きスマホは危ないことは知っていても、思わずやってしまいます。これもナカナカ守れません。

「知っている」とは知識として頭に入っていることで、「できる」とは行動として常に実行が可能なことです。

　仕事においても、挨拶ができない人、人の話を聞けない人、計画をしっかり立てられない人、仕事の振り返りをできない人など、知っていてもできないことがたくさんあります。
　プレゼンで達成したいのは相手に行動してもらうことです。つまり「できていないですよ」という指摘はとても大切です。

[使用例]
ダイエットの方法を知っていても自力でできる人は少ないです
仕事の振り返りの重要性は知っていても、できないものです

まず敵を
知ることです

053

目を外に向けさせる

市場調査から始めましょう

まず敵を知ること。競合の戦略を把握していますか

競合の状況を把握する重要性はわかっていても、実際にしっかりと敵の現状を把握している人は少ないものです。

事業環境を把握するための視点として有名な3C（顧客：Customer、競合：Competitor、自社：Company）分析というものがあります。

・Customer：市場の規模や推移、顧客のニーズはどうあるか
・Competitor：それに対し競合はどんな戦略をとっているのか
・Company：自社の強みやリソースをどう使って勝つのか

この分析においても、「市場規模・顧客ニーズ」や「自社の強み・リソース」のことは把握していても、「競合の戦略」については知らない人が多いです。

プレゼンの前に敵（競合）の情報を少しだけネットで調べて話してみましょう。すると聞き手は「たしかに競合の動きはあまり意識していなかったな」と感心するはずです。

[使用例]
敵の弱点をまず把握することから始めましょう
皆さんが戦っている競合の特徴を3つ言えますか？

得意なところに
集中すべきです

054
目を１つのことに向けさせる

手広く取り組むのが良いとは限りません

得意なところに集中すべきです

　ビジネス環境の変化が激しい時代、インターネットや SNS で日々、大量の情報を目にします。グローバルな競争の時代に勝ち残るにはどうすればいいのか。多くの人が悩んでいます。

　個人で言えば、英語を身につけるべきか、MBA を勉強するか、アートなどの教養を身につけたほうがいいのか。

　企業も既存事業の先行きが不安になると新規事業を始めたり、新しい投資先を探したりとパワーが分散しがちです。

　ところが個人も企業も強みを活かせる場所から離れると、なかなか勝てません。

　そんなときに、「自分の得意なところに集中しましょう！」という一言はわかっていてもありがたいアドバイスとなります。

　「得意なことであれば必ず誰かの役に立てるはずです。苦手なことに時間を使っているのはもったいない。時間は有限です」と自分が 1 つのことに集中できていないことは棚に上げて、アドバイスをしてみましょう。

[使用例]

他人を気にせず自分の強みを活かせる場所を探しましょう

人は 1 つのことにしか集中できません。生産性が低下します

一言で言うと
○○です

ひと　こと

055
短く言い切る

長くなりますが、人生は様々な困難が待ち受けていて……

一言で言うと人生はトライアスロンのようなもの

　人のプレゼンを聞いていると「接続詞で文章をつなぎダラダラ話す人」「思いついた話をどんどん加えて脱線する人」「話のポイントが多すぎてわからない人」など、長い話をする人が結構います。

　もちろん聞き手はダラダラした話は嫌いです。結局、キーワードや短いフレーズしか頭に残りません。
　ゆえにスパッと大切なことを言い切る癖をつけましょう。短く言うことは、それだけで価値なのです。

　そのためのコツが「一言で言うとすれば何を言えば良いのだろう」と事前にしっかり考えることです。

　たとえば、新入社員に仕事人生の様々な苦労を伝えるとします。「一言で言うと、仕事人生は苦労の数で成長の早さが違ってくるよ」と大切なポイントを1つあげたり、「一言で言うと、仕事人生はトライアスロンのようなものだ」と何かに喩える方法などがあるでしょう。

[使用例]
ズバリ言うと、ダメなら早く諦めろということです
理由を一言で言うと、数の違いがありすぎるということです

ざっくり言うと
○○という
感じでしょうか

056

ざっくり大枠で概念をつかませる

詳細まで説明すると、表情と姿勢と服装と……

↓

ざっくり言うと「見た目が9割」ということです

ざっくり言うと日本人は集団思考が強く、アメリカ人は個人思考が強いと言えるでしょう。本当は日本人でも個人思考が強い人もいますし、アメリカ人でも集団思考が強い人もいるはずです。ただし、そのようなことをいちいち気にしていると何を伝えたいのかがわからなくなります。

このように枝葉を切って大事な幹を示す話をするためのフレーズが「ざっくり言うと」です。頭の良い人はモノゴトの本質を見極め、ざっくりとした説明ができます。

ざっくり言うコツは、多少の例外があるとしても8〜9割は正しいと思える、大切なことは何かを考えることです。「ざっくり言うと営業は顧客思考が強く、開発は品質思考が強いものです」「ざっくり言うと英語は使えるフレーズを丸暗記すればいいのです」このように言い切る勇気が必要です。

「大雑把に言うと〜」「全体を大きく捉えると〜」という言い方もありますので相手によって言い回しを変えてみてください。

[使用例]
ざっくり言うと、この3つの手法だけ覚えればOKです
大雑把に言うと、これらは野菜の仲間と言っていいでしょう

略してBIG。
馬鹿が一番ガンバル
ということです

K けたたましく

U うごく

K くま

057
略語をつくる

馬鹿になれる人が一番頑張るんですよ

略してBIG。馬鹿が一番ガンバルということです

　略語は、キーワードを相手に記憶させコミュニケーションを円滑にする手法として便利です。略語をつくると聞き手は何を略した言葉だろうと興味を引きます。

　タレントのDAIGOさんが得意ですよね。「DKB→大好物」とか「DSP→大失敗」「JS→人生って素晴らしい」など、思わずニヤッとしてしまう表現です。

　英語圏でも「ASAP→as soon as possible／できるだけ早く」「OMG→Oh, my God!／なんてことだ！」などがありますし、 SNSの世界を調べてみると「GHQ→Go Home Quickly／帰宅部」「ggrks→ググれカス／自分で調べろ」など面白いものが見つかります。

　ビジネス関係では「ABC→あたりまえのことをバカになってちゃんとやる（小宮一慶氏）」や「TTP→徹底的にパクる（吉越浩一郎氏）」などが有名でしょう。

　自分が言いたいことを3文字くらいにまとめて略語ができないかなと考えてみてください。

[使用例]

あいづちは3S、「さすが！」「すごい！」「知らなかった！」を使います

プレゼンはKISS、Keep it short and simpleを心がけましょう

つまり、安全な状態で恐怖感を経験するというコンセプトです

058
反対の意味の組合せをつくる

しっかり体を固定したうえで恐怖感を体験できます

↓

安全だけど恐怖を感じるというコンセプトです

　048項でも説明しましたが、多くの問題は「こちらを立てればあちらが立たず」という状況になっています。

　その対立した2つの側面をうまく両立させた説明ができると聞き手は「おお！」と思うでしょう。

「高品質」だけど「低価格」、「可愛い」けど「力強い」といった反対の意味の組合せです。

　世の中でヒットしたもので考えてみましょう。

「俺のイタリアン」→「立ち食い」だけど「高級食材」

「アサヒ生ビール」→「コクがある」のに「キレがある」

「うんこかん字ドリル」→「うんこ」だけど「勉強になる」

　反対の組み合わせは面白く、人を惹きつけます。

　自分たちのサービスの特徴で対立した2つの側面を両立している部分がないか探してみましょう。

[使用例]

この品質で業界最安値です

コンセプトはデザインの追求と使いやすさの両立です

喩えてみると
サッカーと野球くらい
の違いですね

059
相手の知っているものに喩える

プロジェクトと通常業務は進め方がまったく違います

喩えてみるとサッカーと野球くらいの違いですね

　相手が知らないことは理屈や詳細をいくら説明しても伝わらないことがあります。

　たとえば初めてプロジェクトに参加する若手に対して、プロジェクトと普段の通常業務との違いを説明するのはそれなりに難しいでしょう。
「通常業務は決まった人が決まった順番で仕事をしますが、プロジェクトは一応の役割分担は決まっていますが、そのときどきで臨機応変に動いて仕事を進めます」と言ってもピンと来ない可能性があります。

　そんなときに「喩えてみるとサッカーと野球くらい違うんです。通常業務は野球のように打順や守備位置が決まっていて迷いませんが、プロジェクトは、一応の役割は決まっていますがサッカーのように状況を見ながら自分で考えて動く必要があります」と言えばイメージしやすくなるでしょう。
　喩えを考えるときは聞き手がよく知っているものを選ぶ必要があるので注意してください。

[使用例]

新幹線ではなく各駅停車のような人生もいいですね
執事を雇うような気の利いたサポートが受けられます

大切なことなので、
ホワイトボードに
書いておきますね

060
キーワードを手書きする

大切なことなので、しっかり覚えてください

大切なことなので、ホワイトボードに書きますね

パワポで資料をプロジェクターに投影していたとしても、あらためてホワイトボードに文字や図を書くと、聞いている人は大切なメッセージだと思います。

話しながらホワイトボードに文字を書くとライブ感も演出できます。

仕事のできる人はホワイトボードの前に立つことに慣れています。自分の考えをササッと文字にできるのはスゴイことだなと周りの人は思います。

ただ、その場で思いついたことを書くのは難しいと思う人もいるでしょう。しかし、何を書くのかをすべて決めてしまうとライブ感が損なわれます。

なのでオススメの方法は、事前に3〜4個くらい書くことを考えておいて、聞き手の話の食いつきかたをみて何を書くのかを選ぶといいでしょう。

[使用例]
このキーワードは覚えてください。ここに書いておきましょう
ここに概念図を描きますので、メモしてもらえますか

第 5 章

「信頼させる」言い回し

本気で
取り組めない人には
お勧めできません

おすすめできません

061
相手の本気度を試す

しっかり取り組みましょう

↓

本気で取り組めない人にはお勧めできません

　提案内容が難しいと、聞き手は「内容は良いけど普段ダラダラ働いている自分たちに本当にできるだろうか」と思います。そうするとどんなに良い提案でも通らないことがありえます。

　そこであえて、聞き手の本気度を試す一言を言ってみます。そうすることでプレゼンターがこの難しい提案を本気で考えてきたのだと伝わります。

　そして、うまくいくかいかないかが提案側ではなく受け手側に委ねられることになります。もちろん提案した内容が成功した<ruby>暁<rt>あかつき</rt></ruby>にはそれなりの成果が得られることが必要です。

　聞き手は、この人はチャラチャラしたことを言う人ではなく何事も本気で取り組む一流の人だなと思ってくれます。
　また、自分たちさえ本気になれば結果はついてきそうだという安心感を与えられます。

　この言い回しは自信をみなぎらせた表情で言いましょう。

[使用例]
得られる成果はスゴイですが、それなりの覚悟が必要です
やる気がない人は手をあげないでくださいね

いつも○○に
困っているかた向け
ですが……

私のことだ！

土管はまりに
困っているかた向けですが…

062
相手の困りごとを指摘する

このような新機能がついています

よくミスが出て困っているかた向けの新機能です

　提案では解決策の説明より、困りごとの指摘の方が聞き手の
ツボに入ることが多々あります。
「ああ、それってまさに私のことを言われている！」と感じる
と思わず話に引き込まれます。

　たしかに人はそれぞれ性格や経験が違いますが、困りごとと
いうのはある程度、パターン化できるものです。

　たとえば「言いたいことが言えずに困っている人」「決めら
れずに迷ってしまう人」「はじめたことが長続きしない人」「上
司の対応に困っている人」「やりたいことがなくて将来が見え
ず悶々としている人」などなど。

　そういった困っている人の気持ちがわかっている人は信頼さ
れます。自分の悩みを共有している友人のように思えます。

　自分が提案する内容がどのような困りごとのある人の役に立
つのかを考えてこの言い回しを使ってみてください。

[使用例]
上司への対応に困っている人に覚えてほしいやり方です
やりたいことが決まらず悶々_{もんもん}としている人を助けたいんです

あまり○○できない けど、○○したい人に お勧めです

063

相手の願望とその障害を指摘する

やせたい人にお勧めです
↓
あまり運動できないけど、やせたい人にお勧めです

　前項は今現在の困りごとを指摘する方法でしたが、ここでは「将来こうなりたいですよね」という願望の指摘です。

　その願望は何かが障害になってなかなか達成できません。「運動できないけどやせたい」「時間がないけど英語を話せるようになりたい」。人間の願望はできない理由との戦いです。

　そういう悩める状況をうまく指摘してあげましょう。
　まず自分の提案が相手のどのような願望を叶えるのかを考えます。そして、その途中でどのような障害があるのかを拾い出しましょう。

　「ダイエット」であれば「運動ができない」か「食事のコントロールができない」など、「英会話」であれば「時間がない」「お金がない」「覚えるのが苦手」「外国人と話す機会がない」など。

　願望と障害の組み合わせで相手に響く言い回しをつくることができます。

[使用例]
子供に注意したくないけど宿題はやらせたい親にお勧めです
お金はないけど、ファッショナブルでいたい人向けです

少し慣れるのに時間がかかるのですが……

時間がかかります

064

あえてデメリットも伝える

皆さんすぐに慣れてきます

少し慣れるのに時間がかかるのですが……

　プレゼンではあえてデメリットも伝えましょう。そうすることでプレゼンターへの信頼は格段にあがります。

　聞く側は、「どうせ良いことしか言わないんでしょ」と思っているもの。メリットばかりを強調されると「本当にそんなに良いことばかりなはずはない、騙されないように聞かないと」といった心理が働きます。

　プレゼンターがデメリットも説明する姿勢を示すと、「この人は良いことも悪いことも包み隠さず伝えてくれる裏表のない人なんだな」と思います。

　そして、判断するときも「デメリットはたしかにあるけど、メリットに比べると妥協できそうだな」と考え決めてくれるでしょう。デメリットを伝える場合、それを超えるメリットがあるかを考えて準備しておきましょう。

　プレゼンの最後がデメリットだと印象が良くないので、先にデメリットを言ってからメリットを言うようにしましょう。

[使用例]

ちょっと従来品より高いですが、吸引力が1.5倍になります

個別対応ができず少し不便ですが、とにかく安いです

流行に左右されない
価値観ですよね

065

普遍的な良さを示す

今、流行しているものとは違いますが

流行に左右されない価値観ですよね

　提案するものが流行りのものと違うとしても、そのことを無理に隠す必要はありません。ネガティブに説明するのではなく、流行と違うけど普遍的なものだという点を強調しましょう。

　本当に良いものは流行に左右されずに残ります。そして提案されたものが自分に合っていれば別に流行のものでなくても気にしない人も実際にはたくさんいるでしょう。

　流行は古くなります。流行が終わるとそれを使っているのが恥ずかしくなることもあります。流行を皆が使うと逆に個性的でなくなることもありえます。

　流行を追わないものは、飽きがきません。ムダがなくシンプルです。

　提案するものに取り立てて特徴がないときでも、「それ自体に普遍的な良さがあるんです」というスタンスで伝えればいいでしょう。

[使用例]
余分な今流行りの機能はまったくつけないようにしています
ザ・ベーシックなので、飽きが来ないと思います

では、具体例を いくつか示しましょう

066
例示で安心させる

色は抑えぎみにします。線は細めのものを選んで……

色を抑えぎみにします。具体例をいくつか示しましょう

　人の説明を聞いていて、言っていることはわかるけどあまりイメージがわかないと思うことはないでしょうか。

　パソコンでつくる資料のデザインの説明を聞いているとして、「色は抑えぎみにしてください」「線は細めのものを選んでください」と言われてもどれくらいが抑え気味なのか、どれくらいが細いのかピンときません……。

　抽象的な説明だけでは、わかったような、わからないような話になってしまいます。そこで抽象表現→具体例→抽象表現→具体例と交互に話すようにしてみましょう。

　「色は抑えぎみにします（抽象表現）」「たとえば、こちらの配色だとあまりドギツクないですよね（具体例）」「次に線は細めのものを選んでください（抽象表現）」「たとえばですが、私はいつも0.25mm の線を使っています（具体例）」

　具体例が示せるというのは、実践している証になります。つまり具体例を細かく入れることで信頼度もあがるのです。

[使用例]

　傾聴が大切です。先日、私も５時間部下の話を聞きました

穏やかな時期がいいですね。たとえば10月の連休はベストです

以前の○○が
今は△△になりました

BEFORE

AFTER

067
ビフォーアフターを比較する

誤作動は0.5%以下に抑えられました

以前3.8%だった誤作動が0.5%まで激減しました

　ビフォーアフターの説明はとてもパワフルです。うまく行った後の状況だけを説明されても、どれほどの効果があったのかよくわからないことがあるでしょう。

「肌がこんなにキレイになります」「机まわりが見違えるように使いやすくなります」と言われても、どの程度インパクトがあることなのかわかりません。

　それを「このガサガサだった肌が、こちらのクリームだけでこんなにキレイになりました」「この散らかった机を見てください。改善後は机周りの収納が見違えるように使いやすくなりました」とビフォーアフターの対比で説明されるとその変化が明確になります。

　人は変化の大きさ、つまりギャップに心動かされます。
　テストで85点だった人が90点を取るのと、30点の人が90点取るのではインパクトがまるで違います。

[使用例]
以前、毎日２時間かけたものが、今では３分で済んでいます
以前は倒産寸前だった店が、導入後、行列店になりました

理屈だけでなく
感情的にも
良いと思うはずです

068
論理＋感情の両面を攻める

スペック的に素晴らしいです

理屈だけでなく感情的にも良いと思うはずです

　提案を聞いていて論理的に正しくても感情的に受け入れられないと思うこともあるでしょう。ところが多くの提案は機能的な優位性やコストパフォーマンスの話が多く、その理屈の部分だけを説明されても心が動かないことがあります。

　では論理的な説明と感情的な説明はどう違うのでしょうか。

　論理的な説明は、たとえば「この商品は100年以上使い続けられるほど高品質です」とか「ニーズが高かった3つの機能をつけましたが、コスト的には従来品と変わりません」といった頭で理解する合理的なメリットを提示する方法です。

　一方、感情面に訴えかける説明とは、たとえば「日本の伝統技術を残すために考えられた商品なんです」とか「この世界では日本初の海外進出に挑戦をしている熱いチームなんです」といった応援したくなるような内容を提示する方法です。

　そして最後に「理屈（論理）、感情のどちらの側面から考えてもこれが良いと思いませんか」と畳み掛けるわけです。

[使用例]
商品の良さはもちろん、地域を応援する気持ちも強いです
本当に便利ですし気持ちの面でもアガリますよ

他の商品は
使わなくなりました

069
他を落としてお勧めを上げる

他の商品より優れています

他の商品は使わなくなりました

　プレゼンする商品が優れているという説明をするために、他の商品と比較することはよくありますが、単純に他社商品より優れていますと言うと少し角が立つこともあるでしょう。

　性能の比較が難しい商品であれば明確にどちらが優れているとは言いにくい場合もあります。洋服や食器などは機能面はほとんど変わらないケースの方が多いでしょう。

　そんなときに「このシャツを知ってから他のシャツは着なくなりました」「この食器を使いだすと、なんとなく他の食器を使わなくなるんですよね」という感じで言ってみましょう。

　機能的な話ではなく総合的に差があり、直感で選んでしまうというニュアンスをアピールします。

　お気に入りを使っていたら、他を使わなくなったということは誰でも一度は経験したことがあるはずなので、スッと理解できるでしょう。

[使用例]
この靴下がフィットしすぎて他はすべて捨ててしまいました
本当にコード式の掃除機を使わなくなりましたよ

面倒だった
○○することが
好きになります

I LOVE COOKING

070

嫌なことが苦にならなくなると言う

料理がうまくできるようになります

面倒だった料理が好きになります

　提案を受け入れない大きな理由の1つに「言っていることはわかるけど率直に面倒で嫌だ」ということがあるでしょう。

　たしかにやったら良いのかもしれないけど、今はちょっと遠慮しておこうかなといった心境です。

　そういった聞き手の重い腰をあげるには、メリットをいろいろ訴求するより、面倒・嫌（ネガティブ）が楽しい・好き（ポジティブ）に変わるというメッセージを送ってみましょう。

　面倒と言えば、「掃除」「ダイエット」「日記」から「資料作成」「上司への報告」「お客様との面会」などがあるでしょう。

　これらがもし好きになるとしたらどうでしょう？
「○○で掃除が好きになる」「○○で体重計に乗るのが好きになる」「○○で資料づくりが好きになる」「○○でお客様の面会が好きになる」。

　皆さんが提案する内容で、聞き手は何が好きになりそうか、考えてみてください。

[使用例]
３行日記の書き方を覚えると日記を書くのが好きになります
このテクニックを使うと面倒な報告が楽しく感じますよ

私にはよくわかりませんが、子供たちは喜んで使っています

071

他人の変化を使う

若い世代の人に人気があります

私にはわかりませんが子供は喜んで使っています

　お勧めするモノでどんな変化があるのか。もちろん自分がどう変化したかという説明もアリですが、他人の変化を表現することでより効果的に良さを伝えることができます。

　自分の変化は主観的なコメントになりますが、他人の変化は客観的に見た変化という意味合いを持たせることができます（もちろんプレゼンターの考えという意味では主観ですが）。

　他の人の変化であれば、その変化の様子を描写することも可能です。
「うちの子供は勉強が嫌いだったのですが、このアプリを使い始めてからちょっと目つきが真剣になった気がします。ゲームをする時間も減ってきまして、私も勉強をしなさいと言わなくなりました」。このような表現ができるようになります。

　他人の変化の様子を盛り込むことで、話のリアリティーはグッとあがり、信頼できる話になるでしょう。

[使用例]
このサービスを使ってから妻の表情が穏やかになりました
弊社でも導入したところ、部下の残業がほぼなくなりました

これ、ネットを
調べても載っていない
情報です

072
特別な情報だという雰囲気を出す

スミマセン、ネットには載せていないんです
↓
これ、ネットを調べても載っていない情報です

　世の中には、なんでもネットで調べればいいじゃんと思っている人もいるかもしれませんが、重要な情報ほど実際にはネットには載っていないものです。

　ネットに載っていない情報と言えば、
「お金儲けにつながる情報」
「企業の特別なノウハウ」
「一部のコミュニティメンバーだけが知っている情報」
「未公開のできたてホヤホヤの情報」など。

　特別なつながりのある人か、高いお金を払って教えてもらうような印象もあります。
　つまり「ネットには載っていない情報です」と言えば、それがあたかも重要な情報のような錯覚に陥ります。

　その情報をこの場で伝えてくれるんだというワクワク感と、ここにいる人しか知らないんだというお得感も得られます。

[使用例]
エライことになるので、これはネットに書けないんですよ
誰も気づいていないので、どこにもこの話は出ていません

昔は彼とはライバル
だったんですよ

073
ライバルとの歴史を語る

彼とは長い付き合いなんです

昔、彼とはライバルだったんです

　昨日の敵は今日の友。人生、山あり谷ありです。
　嫌なライバルもあとから振り返ると切磋琢磨して成長するための原動力だったりします。

　ライバルが織りなす深みのあるストーリー。王貞治と長嶋茂雄、浅田真央とキム・ヨナ、西郷隆盛と大久保利通、シャア・アズナブルとアムロ・レイ。

　成功物語ばかりではなく、人間関係の軋轢やライバルと競争、敗北の悔しさや勝利の喜びなどを通して成長してきた過去の経験は聞き手の心に響きます。

　プレゼンを聞く人にとって、プレゼンターの人間的な魅力は大きな判断材料になります。
　ライバルがいてこそ自分が今ここにいる。そういった感謝の気持ちを持っている人を、聞き手は応援したくなるものです。

[使用例]
昔は違う会社で一番イヤな競争相手でした
仲良くしているふりをしていましたが口も利かなかったんです

ま〜、
本音で言うと……

074
裏表がないスタンスを示す

常に冷静をこころがけています

↓

ま〜、本音で言うとイラッとすることもあります

　プレゼンは基本的には準備した内容を伝えるものですが、そうするとキレイで整いすぎたストーリーになりがちです。

　立て板に水のような話も悪くはないですが、話し手の人間性に触れられると聞き手も親近感を持つはずです。

　そのためにもプレゼンターが提案について「本当のところどう思っているのか？」という真実の話を少し混ぜてみます。

　テレビでも芸能人の本音トークや楽屋トークといった部分は聞いていて、楽しくなります。

　テレビで流すわけですから、本当に危ない話をするわけではないのでしょうけど「ぶっちゃけて言うと……」とか「これ言っていいのかなあ……」という枕言葉をつけるだけで「なになに？」と聞きたくなります。

　少し愚痴っぽいネガティブな気持ちも吐露してみると、話し手と聞き手との距離が近くなったような気がするでしょう。

[使用例]

包み隠さず言うと、反対意見も結構ありました

これ言っていいかなあ、実は大きなトラブルがありまして……

この状況を
俯瞰して見ると……

075
高い視点から説明する

カギは効率化が実現できるかです

俯瞰して見ると、カギは効率化と現場の士気の両立です

　高い視点から状況を把握できる人は信頼されます。

　経営の視点、地域全体の視点、グローバル視点など、様々な利害関係者がいる中でどのように考えていくべきかというバランス感覚を持っているからです。

　たとえば、営業効率を高める IT システムを企業に提案する場合、「IT システムを利用する営業社員の視点」「部門の売上をあげたい営業マネジャーの視点」「中期的な経営効率を高めたい社長の視点」「IT システムの導入と維持管理をしなければいけない情報システム部の視点」など、それぞれの立場で意見が違うことでしょう。

　そういった違った視点を持っている人をひっくるめて上から見ると、何を優先させてどう判断するのかといった話を考える必要があるわけです。

　そうしたうえで、「この状況を俯瞰して見ると……」という言い方をすれば相手から絶大な信頼を得られるでしょう。

[使用例]
工場全体を俯瞰して見ると、処理速度の差がボトルネックです
大局的に見ると短期だけでなく中期の目標を共有すべきです

○○というとやっぱり
ウサン臭いですよね

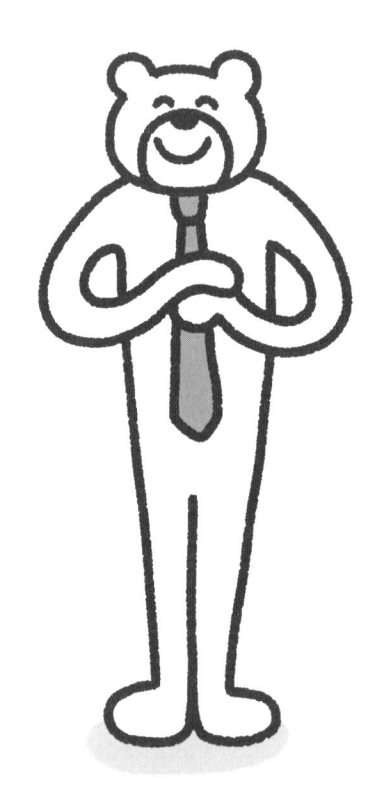

076

まだ信じてもらっていないことをわかっていると言う

１年で３億円も儲かります

１年で３億円も儲かるって、少しウサン臭いですよね

「たったこれだけの努力で、こんなに成果がでるなんてオカシイのではないか」と思う話を聞くこともあるでしょう。

　うまい話には落とし穴がある。何かトリックかズルいことをしているのではないかと疑ってかかるのが当たり前でしょう。

　ところが本当に少しの努力で大きな成果を得られる内容だとすると、せっかくのオイシイ話が聞き手にとっては疑わしい話に聞こえる可能性があるわけです。

「これまで10人が３週間かけてやっていた作業を、１人で30分で終わります」みたいな技術革新も最近はよくあります。

　そういったときに、プレゼンターの方から「簡単には信じてもらえない」「納得するには時間がかかる」ということをわかっていますよと言っておきます。
　すると聞き手は「そうそう、こちらの心境を理解してくれているのね」と信頼してくれるようになるでしょう。

[使用例]
全員合格保証と言っても簡単に信用されないと思っています
この壺で幸せになると言っても、ウサン臭いですよね

第 6 章

「共感を得る」言い回し

◯◯がユーザーの
琴線（きんせん）に触れるんです

琴線にふれるんですよね〜

077
論理的に説明できない感覚的なことをカッコよく言う

このデザインがいい感じですよね

このデザインがユーザーの琴線に触れるんですよね

　琴線に触れるとは、「素晴らしいものに触れて感動する、感銘を受けること」という意味で、心の動きを楽器の琴の糸に喩えた慣用句です。

　プレゼンにおいて、すべてを論理的には説明できません。
　デザイン、テイスト、雰囲気など感覚的に優れているとは思うけど、どう説明していいのか悩んでしまうセールスポイントもあるでしょう。

　そんな時、単に「このデザインがいい感じですよね」と言うより、ちょっと気の利いた言い回しを使って「このデザインが、こだわりを持っているユーザーの琴線に触れるんですよね」と言ってみると妙に納得感が出たりします。

　同じように感覚的な良さを伝える表現として「心を揺さぶられる」「キュンとする」「グッとくる」「シビレる」「唸らせられる」などがあります。
　状況にあった表現方法を選んでみてください。

[使用例]
あのメロディーを聞くだけで心を揺さぶられます
このアイドルの並びに高校生はキュンとするらしいです

神は細部に
宿るのです

078

あまり差がないことをポジティブ強めに言う

あまり差がないですが、この角のデザインが美しいです

神は細部に宿ると言いますが、この角のデザインが美しいです

「神は細部に宿る」という言い方は、ドイツの美術史家のアビ・ヴァールブルクや同じくドイツの建築家のミース・ファン・デル・ローエが言ったとされています。

　建築やアートは「全体」だけではなく、「詳細」にもこだわることが優れたものつくるのに必要なことだという意味です。

　これは仕事にもいかせる言葉で、スティーブ・ジョブズはパソコンの裏面や底のデザインまでこだわりアップル製品のブランドイメージを確立したと言えるでしょう。

　この表現は、プレゼンで他社の製品との差がほとんどないときに使えます。「あまり差がない」と言うのと、「神は細部に宿るんです（細部の差が大切）」と言うのでは、与える印象が大きく違うでしょう。

　聞き手もそれほど差がないことはわかっています。それでも何にこだわってつくっているのかを聞きたいはずです。

[使用例]

神は細部に宿ります。細かい職人の技術が私たちの強みです

このクマの手の形を見てください、神は細部に宿るんです

習慣になるまで
続けられるかが
勝負です

079
継続する難しさを指摘する

片づけはこのように整理していきます

片づけは習慣になるまで続けられるかが勝負です

　書店に行くと習慣を身につけるための書籍がたくさん並んでいます。「7つの習慣」「できる人の習慣」「片づけの習慣」「勉強の習慣」など、つまり続かない人が多いわけです。

　提案を聞く場合も、「良さそうだけど続くかな」と思うことがあるでしょう。

　よって、「何をするのか」だけではなく「どうすれば続けられるのか」に力点をおいて説明すると効果的です。

　たとえば、新しい勉強法の説明でも「勉強のポイントはこれです」と単に言うだけではなく、「この勉強法を続けるコツは午前中の集中しやすい時間に10分だけスマホで勉強することです」という感じで継続しやすさをアピールします。

「私もこの方法を試す前に、他の方法をしてみましたが続きませんでした。やはり続けるのが難しいですよね」と言えば、聞き手の共感が得られるでしょう。

[使用例]
レコーディングダイエットは続けるためのコツが満載です
習慣にする難しさは提案する私が一番理解しているつもりです

ずっと◯◯に
感謝していて、◯◯で
恩返ししているんです

080

感謝を忘れない人柄を示す

周りは当てにならず自分1人で頑張りました

良い人に支えられ感謝の気持ちを恩返ししたいです

　プレゼンターが、常に感謝の気持ちを忘れない人であるということがわかると聞き手は爽やかな気持ちになるものです。

　世の中は GIVE&TAKE、お互い助けあって感謝しあってうまくいくものでしょう。

　しかしながらビジネスにおいてはそのことを忘れてしまうこともよくあります。

　お金を払っているのだから当たり前、人気がある商品なので待ってもらっても当たり前、これだけサービスをしているのだからその見返りを得ても当たり前といった感じです。

　それでは中期的に周りの人と良い関係を築けないでしょう。聞き手もそのことを感じ取ります。

　逆にプレゼンターが偉そうでビジネスライクな雰囲気ではなく、真摯な態度でいつも感謝の気持ちを忘れない人だとわかれば、提案の加点要素となるでしょう。

[使用例]

良い部下がいてくれるので私は本当に助かっているんです
あの瞬間、本当に感謝の気持ちが湧き出てきて涙が出ました

子供のころは貧乏で、
毎日クラスで
いじめられたものです

081
不遇の過去を乗り越えた経験を語る

子供のころは、それほど問題なく平凡な日々でした

子供のころは貧乏で、毎日いじめられたものです

　話し手の人柄を知ってもらうために、昔の経験を語ることは有効です。

　スポーツ選手が高校時代は補欠で苦しんだという話や芸能人の子供の頃はモテなかったというエピソードを聞くと、親近感を持つ人も多いでしょう。

　順風満帆（じゅんぷうまんぱん）に来た人生より、紆余曲折（うよきょくせつ）を乗り越えてきた人生の方が魅力的に見えます。

　何を言えばいいのかわからないかもしれませんが、誰でも辛い時期はあるでしょう。

「貧乏だった」「友達がいなかった」「勉強ができなかった」「家庭がギスギスしていた」「スポーツ音痴で笑われた」などちょっとした経験に、エピソードをつけて話してみましょう。

　聞いている人は、その苦難をどう乗り越えてきたのかを知りたくなります。その話をすれば必ず共感してくれるでしょう。

[使用例]
５年間はパワハラ上司に否定されつづけ毎日泣いていました
親の店が倒産して自分だけ古い道具箱を使ったのを思い出します

皆さん、ちょっと想像してください

082

聞き手をイメージの世界へ導く

お店が繁盛します

↓

想像してみてください。お店に行列ができています

　未来の成功した状態を聞き手にイメージさせるのは難しいものです。「お店が繁盛します」「街に活気があふれます」「管理職が若手のやる気を引き出せるようになります」と言われても、あまりピンとこないなと思うでしょう。

　そんなときに有効なのが「皆さん、ちょっと想像してください」という言葉。そう言われるとなぜか想像してしまいます。
　たとえば、赤字続きのお店のオーナーになったつもりで読んでください。

「ちょっと想像してみてください。5年後のこのお店です。店には毎日1000人以上のお客さんが来て、店員は笑顔で接客しています。お店を閉めた後も店員はテキパキと次の日の準備をしています。売上も楽々達成。この提案はその未来をつくるためのファーストステップです」。どうでしょうか。

「何をするのか」より、「どんな未来にするか」を理解してもらえれば、プレゼンの内容に共感してくれるでしょう。

[使用例]
イメージしてもらって良いですか。財布にお金が溢れています
ちょっと想像してください。新球場が笑顔の子供で満席です

10年というスパンで
考えるとたいした
違いではないのです

083
ロングスパンで考えさせる

高いですがせっかくですのでいかがでしょうか

10年スパンで考えると大きな違いはないでしょう

　人はどうしても短期スパンで考えがちです。10年乗り続ける車のオプションを付けるかどうかを悩んだり、毎日利用するオフィス家具の少しの値段の差に迷う人もいるでしょう。

　そんなときに、「ロングスパンで考えると大した差ではないですよ」というアドバイスをしてもらえると、「たしかにそうだな」と決断しやすくなるでしょう。

　1年は365日。週で考えると約52週あります。働く時間はフルタイムだと約245日、1900時間程度でしょう。
　この時間で値段を割れば納得感のある話ができるでしょう。

「その車のオプションを1年・52週として10年間週末だけ使うと1日15円の差です」とか「年間労働日数245日、8年使うと1日150円と130円のくらいの差ですので社員が喜ぶなら高い方でもいいのではないですか？」といった感じです……。
　こう伝えると、「まあそうだね」と思ってくれるでしょう。

［ 使用例 ］
ロングスパンで考えると高額でも毎日の充実感が違いますよ
20年というスパンで考えると耐震への投資は高くありません

自転車に乗るのと
同じで、身につけると
一生モノのスキルです

084
一生モノだと言う

このスキルを身につけると役に立ちますよ

↓

自転車に乗るのと同じで、身につけると一生モノです

前項で解説したように、聞き手は「その投資に見合う効果があるのか」ということを気にします。

よって、効果が永遠に得られると思えれば、初期投資が多少高くても、時間がかかることでも、我慢できると考えやすくなるでしょう。

たとえば、プレゼンや論理的思考のスキルは一度身につけるとずっと使えます。英語やパソコンのスキルも継続的に勉強すれば一生モノでしょう。

長く使える道具（包丁やカバン）なども一生モノというアピールができます。

「一生モノ」と考えると「投資したお金」を「残り何年生きるか」で割ったものが１年あたりの投資になります。

仮に英会話で考えると100万円の投資も残り50年の人生で考えれば１年あたり２万円。

その投資で年間２万円以上、人生が豊かになると思えるのであれば安い買い物ですよねと言えるわけです。

[使用例]

ワインの知識を持つと一生楽しめる趣味と教養になります

一生使える包丁が１年あたり２千円と思えば安くないですか

自分たちの子供が
○○になってしまうことを
想像してみてください

ばぶ

085

曖昧な社会の問題を身近な親族の問題にする

この添加物には発がん性物質が入っています

自分の子供が毎日これを食べてがんになったら……

「環境問題で地球の温度が○度アップする」「理不尽な格差の問題で差別されている人がいる」

　こういった社会全体の問題はなんとなくピンと来ない遠い世界の話だと思われることがあるでしょう。

　ところが、その問題に自分の子供や家族が巻き込まれたら、それこそ冷静ではいられないはずです。

　実際にはその問題に関わる地域にいない場合の方が多いでしょう。

　しかし、人は「そのように想像してみてください」と言うと、一瞬考えて、ドキッとします。

　自分が取り組んでいる活動に支持が得られない。どのように啓蒙活動しても、他人事のような反応しか返ってこない。

　そのようなときは「身近な人に影響があるとしたら」という想像の世界に、聞き手を連れて行くと共感度が大きく変わるでしょう。

[使用例]

自分の親がそんな施設で扱われることを想像できるでしょうか
将来、自分の子供が生活費の半分以上をそれに使うとしたら

私は本気で
取り組むつもりです

086
本気度を示す

計画は完璧なのでうまく実行してもらえれば成功します

私は本気で取り組み、必ず成功させます

　人の提案を聞いていて、その計画は誰が責任感を持って実行するのだろうと感じることはないでしょうか。

　説明する人が戦略系や企画系の部門に所属している場合、「私は計画を考えることが仕事なので、実行の責任は現場の人たちにありますよ」という雰囲気を感じることもあるでしょう。

　計画をいくら緻密に立案しても、誰が責任を持って実行するのかで、成否は大きく変わります。

　プレゼンを聞く人も「この人はどのようなスタンスで提案した計画に関わるつもりなのだろう」と考えているものです。

　つまりプレゼンにおいて、自分の本気度を示すことは非常に重要です。
「自分が本気で成功するために行動します」という思いが伝わるだけで、プレゼンの内容に多少稚拙な部分があっても協力してあげたいと思う人が出るものです。

[使用例]
自分は責任を持って実行まで関わります
自分はこのプロジェクトに命をかけているんです！

現状の仕組みを
打開したい
だけなんです

087

ブレイクスルーを実現させる気概を見せる

現状の仕組みはこのプロセスで変えられる予定です

私は現状の仕組みを打開したいだけなんです

プレゼンターの 志 が高ければ高いほど、聞き手は共感してくれます。

単にお金儲けや出世がしたいだけなのか、大きな目的意識を持って提案しているのか、そのあたりを聞き手は説明を聞きながら感じ取るものです。

ところが大きな目的意識を持っているのにも拘らず、説明が具体的な方法論に終始してしまい、イマイチ大志が伝わらないケースもあるでしょう。

そういったパターンに陥らないために、自分が何を実現させたいのかをしっかりと聞き手に伝えましょう。

「目的は10年続く赤字体質を脱却し黒字が出る仕組みをつくることなんです」とか「ただただ、疲弊した現場の状況をなんとか打開したいんです」というような言い方で自分が実現したい志をしっかりと言葉にして伝えましょう。

[使用例]
時短勤務の女性社員のストレスを減らしたいだけなんです
競合に勝ちたい、その一心で計画を考えてきました

私も初めは
疑っていたのですが、
使ってみると……

昔はキライだったんです

088
自分の過去の心の動きを語る

この商品は本当にいいです

私も初めは疑っていましたが使うと本当にいいです

「機能がスゴイ」「価格が安い」「品質が最高」といった話より、プレゼンターがその商品をどれだけ気に入っているのかが伝わると聞き手の共感を得られます。

そういったときに効果的な言い方が、「話し手の心の変化」を伝える方法です。

初めのうちはその商品に対してネガティブな印象を持っていましたが、徐々に好きになっていきましたという心境の変化を伝えると、聞き手の心は動きます。

「初めはデザインがやぼったいと思いましたが、使うと手にしっかりと馴染むのでスゴくいいですね」とか「開発者の示した数字があまりにもインパクトがあるので、本当にうまくいくのかと疑っていたのですが、試してみると私の結果もそれ以上の数値になりビックリしました」といった言い方です。

そうすると、聞き手も「この商品を買ったら自分も同じような体験ができるのでは」と思ってくれるわけです。

[使用例]

変わらない見た目でしたがスゴく改善されていました

効果を信じなかった自分が今では先頭に立ってPRしています

第 7 章

「決断を促す」言い回し

まとめますね。
今日お話しした
ポイントは……

089

最後にポイントをまとめる

今日はいろいろなお話をさせていただきました

まとめますね。今日お話ししたポイントは……

　プレゼンを聞いていて、「何かいろいろ言っていたけど、結局何も頭に残らなかったな」と思うことはないでしょうか。
　プレゼンが下手な人は、話が散漫でまとまりがなく脱線することも多くて、どこに着地するのかわかりません。

　一方、プレゼンがうまい人はポイントが整理されています。
　自分がプレゼンでいくつの話をしたのかをしっかり考えられていて、その筋道もシンプルで明確です。

　021項でも言いましたが、「1つ目の話は……」「2つ目の話は……」というように順序立ててプレゼンを進めます。
　そして最後に「では話をまとめますね。今日お話ししたポイントは3つありました」と1分程度でおさらいをしてくれます。

　まとめがあると聞き手もホッとします。途中で聞いたことを忘れているかもしれないと思うからです。
　決断に繋がるポイントだけをササッとおさらいすることで、聞き手も概要を思い出して、判断がしやすくなるはずです。

[使用例]
最後にまとめをさせてください
さて、ここで初めにお話しした結論をおさらいしましょう

一月ほどで
当たり前にできる
ようになります

1ヶ月で !!!

090

できるまでの時間軸を示す

続ければ当たり前にできるようになります

一月ほどで当たり前にできるようになります

　提案されたことを決断するときに、効果がどのくらいの時間で出るのかは知りたい情報です。

「買ったけど効果が出るまで時間がかかって諦めた」「プロジェクトに関わる期間が３ヶ月くらいだと思ったら１年以上もダラダラ続いた」といったこともよくあります。

　時間が見えないということは不安要素です。もちろん個人差があるのは当たり前ですが、なんらかの傾向があるはずです。基準となる時間を言うだけで判断はしやすくなります。

　その時間軸が相手にとって我慢できる長さかを考えてみましょう。「早い人で１週間、遅い人でも１ヶ月でできるようになります。もし１ヶ月でできるようにならない場合、何かやり方にも問題があるかもしれませんのでお問い合わせください」。

　そう言えば迷っている人も決断しやすくなるでしょう。

[使用例]

すぐに効果が出ると思いますが、待っても１週間くらいです

もし３ヶ月たってもダメな場合、お電話ください

今、始めれば
まだ間に合います

091
まだ間に合うと言う

さあ、今からでも始めましょう

今、始めればまだ間に合います

提案において、効果の即効性は大きな武器になります。

何事も効果をいつまでに得たいかという、なんとなくの期限があるでしょう。

「ダイエットであれば水着を着る夏までに間に合うか」「受験勉強であれば2月までに間に合うか」が大切です。「間に合わないなら、やる意味がない」。そう思うのも当たり前です。

特に焦っている人は「間に合う」という言葉に弱いはずです。少し高くても、多少手間をかけても間に合うならと藁にもすがる思いで判断します。

すぐに効果が出る根拠もしっかり説明しましょう。

「簡単だから」「システム化されているから」「品質が他と違うから」「これだけの実績があるから」など。

迷っていた聞き手も、「すぐできるなら、やってみるか」と決めてくれるでしょう。

[使用例]

今この本を読めば、午後の会議に間に合います！

今始めれば、夏までに確実にやせられます

あれ、最近トラブル減っているなと感じるようになります

将来
実感できます

092

相手が将来得られる感想を言う

少しずつトラブルが減っていきます

最近トラブル減っているなと感じるようになります

　プレゼンにおいて聞き手が得たいのは「その商品やサービスそのもの」ではなく「そこから得られるメリット、効果」です。

　ゆえに、その効果がどのような形で感じられるのかをイメージさせる一言を言うのは聞き手にインパクトを与えます。

　プレゼンの準備段階で「この商品を使った人は将来どのように感じるのだろうか?」と考えてみましょう。

　そして、将来ふっと思いそうな一言を伝えてみましょう。「いや〜、以前に比べて作業が劇的に楽になったなあと思うはずです」とか「最近、当たり前に点数が取れるようになったなと実感できます」という感じの言い方です。

　聞き手が「そう感じるようになればいいな」という未来の感想を先取りする。そのイメージができれば決断をしやすくなるでしょう。

[使用例]
子供に対するイライラが半減したと感じるようになるはずです
最近、片づけに時間をかけてないなと思うようになります

結局、
早く始めた人が
勝つんです

093
早い者勝ちだと伝える

できるだけ早く始めましょう

結局、早く始めた人が勝つんです

　先手必勝という言葉がある通り、周りの人が気づく前に始めた人が勝つのは世の常でしょう。

　早く始めれば、戦略を立てる時間もあるし、有利な場所もおさえられる。社内であれば予算や人材の確保もしやすいはず。
　早く始めれば、仮に失敗したとしてもリカバリーする時間も取れるわけです。結果、スキルを身につけられ、まわりから一歩抜きん出ることができるわけです。

　ところが多くの人は面倒くさい、後からでもいいかなと思ってすぐには始められないものです。
「まわりがそう思っている間に、サッサと始めて差をつけましょう。寝た子は起こさず、そっとしておきましょう」というニュアンスで伝えましょう。

　早く始めるといいというのは誰でもわかっていることですがあらためて言われると聞き手も「早く始めた方がやはりいいかな」と思ってくれるでしょう。

[使用例]
皆が知らないうちに覚えてしまって、まわりを驚かせましょう
人気が出る前に主要なところを押さえてしまうといいのです

今日の話を聞いただけで
皆さんの変化は
もう始まっています

ポイントあつめは
もうはじまっている

094

すでにスタートしていると思わせる

今日、聞いた話を明日から始めてみてください

今日の話を聞いただけで変化はもう始まっています

「重い腰を上げる」という表現があるように、新しい取り組みは始めることがおっくうです。逆にスタートすれば、思ったより簡単にできてしまうということもあるでしょう。

　モノを動かす場合にも、止まっている状態から動かすのには静止摩擦力かかり力が入りますが、一度動き出すと動摩擦力が働いて小さい力で動き続けてくれます。

　新しく始める取り組みもこれに似ています。

　よって、「もう始まっていますよ」と言えば、「なるほど、そのようなものかな。たしかに少し気分も変わった気がするし、これを続ければいいんだね」と決断しやすくなるでしょう。

　店舗のポイントカードも、初めてもらう際にハンコを押してくれますが、これは既にポイントを集める行為が始まっていますよと感じさせているわけです。

「明日から始めてください」も悪くはないですが、明日にはすっかり忘れてしまうのですから。

[使用例]

今日が第1回目としてカウントして明日は2回目です

変わり始めればあとは簡単です。その第一歩は始まっています

決める上で、まだ○○についての不安があると思います

ふあん

095

決断を鈍らせる要素を指摘する

ほぼ、ご理解いただけたかと思います

決める上で、まだいくつか不安があると思います

　決断するための材料をいろいろ提示して、その内容にはことごとく納得してくれているのに、なかなか最終判断をしてくれない人はいるものです。

　そういった人は、「まだ何か引っかかるものがある。自分でもよくわからないけど漠然とした不安があるんだよなあ」と思っているものです。

　そんなときにプレゼンターの方から、「まだこの部分に不安があると思います」と指摘してもらえると、「この人はそこまでわかってくれているんだ！　同じような不安を持った人を何人も見てきたんだな」と安心してくれるでしょう。

　たとえば、「上司は納得してれるだろうか」「予算はずっと確保できるだろうか」「すぐに壊れないだろうか」「忙しい中本当にできるのだろうか」、これらが引っかかるものです。
　そこをズバリと指摘して、不安を解消するヒントを示せば、決定をうながす重要なボタンを押したことになるでしょう。

[使用例]
多くの人が上司は理解してくれるのかなと不安になります
これだけ動かして壊れないかなということが気になりますよね

もう買わない理由が
見つかりませんよね

みつかりませんよね？

たしかに！

096
気になる点をすべてつぶしたことを示す

買っていただく理由がこれだけあるんです

もう買わない理由が見つかりませんよね

　家庭教師のCMで聞いたようなこの言葉。

　前項と同じように決めるための判断材料が残っているかについての指摘ですが、こちらは判断材料が出尽くした雰囲気になったときに言いたい一言です。

　充分に説明して、聞き手はほぼ納得している。気になるデメリットやリスクもなさそうだと思っている。

　ただ単に今決めるかどうかを迷っているという状況もあるはずです。

　ここで更にクドく説明を重ねる必要はありません。聞き手はしばらく自分の頭の中で今聞いた説明をおさらいしているはずです。

　なので、この一言だけを言って、もう判断するために必要な理由は全部整っているし、他の選択肢はありえないですよねという表情だけつくって待ちましょう。

[使用例]
これだけ良いと他の選択肢はありえないと思います
決める材料は揃ったと思いますのでご判断いただけますか

努力して成長か
楽して現状維持か、
どちらの人生を選びますか

えらびなさい

097
一方しか選びようがない選択肢を出す

努力して成長する人生も悪くないですよ

努力して成長するか何もしないかのどちらかです

　人は自分で選ぶと決断しやすくなります。
「Aですか、Bですか？」と聞かれて、「う〜ん、Aかな」と選ぶと、自分で選んだので決めてもいいよねと考えます。

　そこで2択を「A：必ず選ぶ内容」と「B：絶対選ばない内容」にしておきます。すると聞き手は「B」は意味がない選択肢だなと思いつつも、自分も「A」を選ぶなと考えて、少し思考が決断に近づきます。

「努力して成長する」か「何もせず成長しない」か
「健康的に生きる」か「不健康に生きる」か
「周りと良い関係をつくる」か「周りと悪い関係でいい」か
「お金に困らない人生」か「お金に困る人生」か

　これらは普通の人であればすべて前者を選ぶでしょう。

　このような答えがわかりきっている選択肢を提示するだけでも、聞き手に決断の理由を与えるキッカケになるわけです。

[使用例]
健康的にやせるか不健康に太っていくかどちらを選びますか
苦労しても英語をマスターするか何もしないかの2択です

自分にご褒美を
あげてもいいのでは
ないでしょうか

エヘヘ

098
あなたは頑張っているからその価値があると言う

自分用に購入されてもいいと思います

自分にご褒美をあげてもいいのではないでしょうか

　ご褒美をもらうと嬉しいですが、実際は褒められたり、認められるということがあまりないという人もいるでしょう。

「それなら、自分で自分にご褒美をあげてもいいのでは？」
　これはもちろん、よくわからない理屈ではあります。

　ただ、多くの人が心の中で「自分はこれだけ頑張っているんだから、その見返りがあってもいいはず」と思っているでしょう。
　なので自分へのご褒美は「なんとなく、それもありかな」と思える受け取りやすい一言になります。

「このご褒美があれば明日からも頑張れますよね」とか「自己肯定感が高まる方が幸せで仕事がうまくいくはずです」というふうに相手の気持ちをあげていきましょう。

　ポジティブシンキングになる一言は、聞き手の背中を押す効果的なフレーズになります。

[使用例]
頑張っているんですから、今日は休んでも良いですよね
お客様は自分のためにもっと無駄遣いをしていいと思います

さあ、ゲームを
始めましょう

さあ

099
スタートのワクワク感を伝える

さあ、始めましょう

さあ、ゲームを始めましょう

　経験したことがない取り組みを始めるときは、不安と期待が入り混じった複雑な感覚になるものです。

　その感覚をポジティブな方向に持っていく方が、聞き手も決断しやすくなります。

　そこで、その新しい経験を「ゲームなどのワクワクすることに喩えて」伝えましょう。これは楽しそうなこと、辛そうなこと、どちらにも使えます。

　ゲームには、様々な困難や難しい局面もありますが、その中を進んでいくのが楽しいわけです。

　同じようにこれから取り組む楽しい経験、辛い経験も、そのプロセスを楽しみましょうという投げかけになります。

　聞き手は「まあゲームとは、ずいぶん違うな」と思いつつも、「そのように前向きに解釈する自分も嫌いではないな」と一人合点するでしょう。

[使用例]

さあ加藤さん、今から加藤劇場の幕を開けましょう

これからジェットコースターのような体験になるでしょうね！

山下さん、
ぜひお願いします！

山下さん！

山下

100
お願いする

山下さん、いかがでしょうか？

山下さん、ぜひお願いします！

人は「お願い」に弱いです。誰でも断るのは嫌ですし、できれば相手の役に立ちたいと思うからです。

聞き手は、「相手をガッカリさせたくない。その表情を見るだけで自分も申し訳ない気持ちになる」と考えます。

お願いすると相手にとって迷惑なんじゃないかと思うかもしれませんが、人は結構、何かを頼まれると嬉しいものです。

別に社会的な意義があることでなくても、相手の成績や成長につながるのであれば協力してあげても良いのではないかなと考えます。

お願いするときは、相手の名前をつけましょう。企業名や土地の名前でも OK です。「自分にむけて言っているんだな」「自分を頼りにしているんだな」とわかることが大切です。

素直な気持ちを前面に出して「山下さん、協力いただけませんでしょうか」とお願いしましょう。それで心は動きます。

[使用例]
福岡市の皆さんに、最後のお願いです！
渡辺さんに、ぜひ協力いただけると嬉しいのですが……！

参考文献

『スティーブ・ジョブズ 驚異のプレゼン』
（カーマイン・ガロ 著、日経 BP 社）

『ブライアン・トレーシーの話し方入門』
（ブライアン・トレーシー 著、日本実業出版社）

『パーソナル・インパクト「印象」を演出する、最強のプレゼン術』
（マーティン・ニューマン 著、ソル・メディア）

『アイデアのちから』（チップ・ハース／ダン・ハース 著、日経 BP 社）

『お金と感情と意思決定の白熱教室 楽しい行動経済学』
（ダン・アリエリー 著、早川書房）

『脳を最適化すれば能力は2倍になる
仕事の精度と速度を脳科学的にあげる方法』（樺沢 紫苑 著、文響社）

『面白いほどよくわかる脳のしくみ 記憶力、発想力、集中力はすべて脳が
つかさどる』
（高島 明彦 監修、日本文芸社）

『グロービス MBA キーワード 図解 ビジネスの基礎知識50』
（グロービス 著、ダイヤモンド社）

『グロービス MBA キーワード 図解 基本フレームワーク50』
（グロービス 著、ダイヤモンド社）

『あたりまえのことをバカになってちゃんとやる』
（小宮 一慶 著、サンマーク出版）

『超一流の雑談力』
（安田 正 著、文響社）

『コクヨの１分間プレゼンテーション』
（下地 寛也 著、KADOKAWA）

STAFF

本文イラスト◎たかだべあ
「けたたましく動くクマ」の作者。

本文・装丁出演◎けたたましく動くクマ
通称けたくま。そのけたたましい動きが多くの人に愛され、
LINE スタンプや CM でも活躍中。

編集協力◎渡邉理香

本文デザイン◎二ノ宮匡（ニクスインク）

カバーデザイン◎小口翔平＋永井里実（tobufune）

校正◎くすのき舎

※本文内に表記されている数字のデータ等は2018年12月時点のものです。

<著者より>
本書の「はじめに」には、これまでご紹介してきたプレゼンの語
彙が複数隠れています。振り返って探してみてください。いくつ見
つけられるでしょう。

下地 寛也（しもじ かんや）

コクヨ株式会社ワークスタイルコンサルタント。

1969年神戸市生まれ。もともと人と関わることが苦手で、個人業務が多いと考えデザイナー志望でコクヨに入社。

オフィス設計者になるが顧客対応が下手すぎて上司や営業に怒られる日々が続く。常に辞めたいと思いながら働いていたが、5年後コクヨがフリーアドレスを導入したことをきっかけに「働き方とオフィスのあり方」を提案する業務に従事し、ワークスタイルを調査、研究する面白さに取りつかれる。

以来、顧客向けサービス企画、組織改革の推進などを数多く手がけ、2008年から［コクヨの研修］スキルパークを主宰。未来の働き方を研究するワークスタイル研究所の所長、ファニチャー事業部の企画・販促・提案を統括する提案マーケティング部の部長などを経て、現在は経営管理本部にて、コクヨグループの働き方改革や風土改革に取り組んでいる。

著書に『コクヨの1分間プレゼンテーション』（KADOKAWA）、『一発OKが出る資料 簡単につくるコツ』（三笠書房）、『困ったら、「分け方」を変えてみる。』（サンマーク出版）などがある。

プレゼンの語彙力（ごいりょく）
おもしろいほど聞いてもらえる「言い回し」大全

2019年2月15日　初版発行

著者／下地 寛也（しもじ かんや）

発行者／川金 正法

発行／株式会社KADOKAWA
〒102-8177　東京都千代田区富士見2-13-3
電話 0570-002-301（ナビダイヤル）

印刷所／凸版印刷株式会社

DTP／有限会社エヴリ・シンク